KB121039

돌봄 인문학 수업

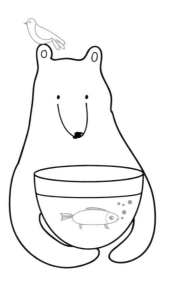

인간다움에 대해 아이가 가르쳐준 것들

돌봄 인문학 수업

김희진 지음

위즈덤하우스

어떤 방의 문을 열면 한 아이가 있다.

아이들과 접촉이 많지 않은 어른들에게도
'아이들'의 존재가
강렬하게 다가오는 순간들이 있다.

모든 어른들에게는 지켜주고 싶고,
지켜주지 못해서 미안한,
응원하고 싶은 아이의 이미지가 있다.

그 순간을 기억하는 것은
양육자들뿐 아니라
비양육자들에게도 의미가 있다.

추천의 글

↑

여성들이 엄마처럼 살지 않겠다며 집을 떠난 시대가 있었다. 그들은 장터로 가서 돈을 벌고 자아실현을 하느라 바빴다. 그들이 이제 돌아오고 있다. 살 벌한 장터를 떠나 돌봄과 호혜의 세상을 만들겠다며 돌아오고 있다. 이 책은 아이를 통해 그 세상을 발견한 한 독립적 여성의 여행기다. 한때 장터의 사 람이었던 내게 동지의 정을 느끼게 하는 따뜻한 책!

– 조한혜정(문화인류학자, 연세대 명예교수)

↑

아동을 한 인격체로 존중하지 않던 시절에 자랐으나 자녀의 마음 읽기가 최우선 과제인 세대. 자유와 방임 사이에서 아슬아슬 자랐으나 자녀의 안전과 성장을 온전히 책임지는 세대. 별 수 없이 나는 육아를 책으로 배웠다. 『돌봄 인문학 수업』은 딱 나 같은 엄마의 고민이고 질문이고 핵심정리 노트다. 이 책을 육아 동지는 물론 아이를 낳고 키울 계획과 욕구가 전혀 없는 이들도 읽으면 좋겠다. 아이를 생각하는 일은 결국 자기 자신을 들여다보고 위로하고 응원하는 일이니까.

– 조남주(소설가, 『82년생 김지영』)

프롤로그

우리에겐 돌봄의 의미와
가치를 알릴 언어가 필요하다

나는 서른여덟 살에 딸을 낳았다. 나의 정체성을 가장 간단하게 요약하면 '노산 워킹맘'이다. 내가 엄마라니, 애 낳기 2~3년 전까지만 해도 상상해보지 않은 일이었다. 좋은 학생이 되고 싶었고, 좋은 연구자가 되고 싶었고, 좋은 편집자가 되고 싶었고, 좋은 직장 선배가 되고 싶었고, 좋은 시민이 되고 싶었고, 좋은 사람이 되고 싶었지만, 좋은 엄마가 되고 싶다고 생각했던 적은, 솔직히 (생물학적 한계가 오기 전까지) 한 번도 없었다. 좋은 학생이 되고 좋은 연구자가 되고 좋은 직장인이 되는 일에, 엄마가 되는 일이 방해가 된다고 생각했던 것일까? 지금 생각해보니 이것은 사회적 통념이기도 하고, 그런 통념이 만들어내는 엄연한 현실이기도 하다.

게다가 나는 공적인 것이 사적인 것보다 고차원적인 가치라고 배워왔다. 동서고금의 고전이 가르치는 '공공성'과 '보편성'을 인간됨의 중요한 덕목으로 생각해왔다. 특히 한국 사회에서 '가족'이라는 것은 왜곡된 제도, 개혁되어야 할 구악, '공공성'을 방해하는 '문제'라고 생각해왔다. 그래서 나는 '엄마'가 되려고 하던 시기부터 다소 혼란스러웠고, 여전히 그 혼란과 열심히 대면하는 중이다.

아이를 낳고 나서 무엇보다 나를 경악케 한 것은, 출산의 고통도 아니고(생전 처음 느껴보는 강도의 고통이라 놀라긴 했다), 모유 수유의 고통도 아니고(출산의 고통보다 더 강도가 세서 그만큼 더 놀라긴 했다), 아기가 정말로, 너무나, 말로 표현할 수 없이, 지나치게 사랑스럽다는 사실이었다.

세상에 이렇게 사랑스럽고 귀한 존재가 있을 수 있다니! 태어나서 처음으로 좋은 엄마가 되고 싶다는 아주 강한 열망을 가지게 되었다. 나는 이 강렬한 감정을 반쯤 농담 삼아 '전향자의 열정'이라고 부른다.

아이는 너무 사랑스러운데 그 아이를 돌보는 일은 너무 힘들어서, 그 불균형 때문에 거의 미칠 지경이었다.(아니 진짜로 조금 미쳐 있었다.) 기질이 예민한 아이인 데다 엄마까지 불안하고 예민한 상태였으니 시너지 효과가 컸다. 아이가 잠드는 걸 힘들어해서 낮잠 때마다 두어 시간씩 안고 얼러야 하는 건 기본이었다. 이 예민한 아이의 심기를 살피고 달래고 웃기는 일에는 엄청난 관찰력과 인내력과 창의성, 그리고 유머 감각이 필요했다.

사실 나는 육아의 과정을 가까이서 지켜본 적도 없고, 학교나 기관에서 배운 적도 없었다. 보통 남자들 수준의 '육맹'(육아맹)에 가까운 경험치였다. 그렇다고 내가 타고난 육아 천재일 리도 없었다. 40년 가까이 사는 동안 그렇게 공부를 많이 하고 이것저것 많이 배웠는데, 정작 남을 돌보고 키우는 중요한 일을 배운 적이 없다는 것이 한스러웠다. 또 마음의 준비라도 할 수 있도록 육아의 어려움에 대해 구체적으로 이야기해주지 않은 주변의 선배 부모들이 원망스러웠다.(물론 그들은 얘기를 했는데 내가 안 들었을 가능성이 높다.) 한편으로는 평안해 보이는 부모들의 겉모습 뒤로 이런 어려움이 있었다니, 몰라준 것이 미안하기도 했다.

아이를 낳기 전까지의 내 삶은 전형적인 한국 직장인의 '저녁 없는' 삶으로, 매일 야근이나 철야, 접대로 집에서는 밥 한 끼 지어 먹지 않는 날이 많았다. 저녁이나 주말 행사에 참여하지 않으면 프로답지 못하다 생각하고, 겨울 내내 아이가 아프다며 병원에 들렀다 늦게 출근하는 워킹맘들에게 의심의 눈초리를 보냈다. 평범한 아이도 한 달 동안 아플 수 있다는 사실을 내 아이를 기관에 보내보고 나서야 알았다. 돌이켜보면 당시 나의 무지함과 옹졸함이 부끄러워 얼굴을 들 수가 없다. 그 시절 나와 함께 회사 생활을 한 워킹맘들에게 이 자리를 빌려 사죄드린다.

아무튼 이런 선천적, 후천적 한계를 딛고 단 몇 달 만에 엄마 역할에 적응한다는 것은, 거의 불가능한 미션이었다. 죽을힘을 다해, 아이를 죽이지 않고 돌보는 법을 겨우 익힐까 했더니, 직장 복귀 시점이 되었다. 고령에 출산을 하다 보니 직장에서의 책임 도 만만치가 않아 육아휴직을 쓸 수 있는 상황도 아니었다. 2년 동안 두 분의 시터 이모님 도움을 받고, 두 돌이 지나 아이가 기관 에 가고 또 2년이 지나 유치원에 가고 또 3년이 지나 초등학교에 가게 된 지금까지 주변에 많은 분들의 도움을 받았다. 그사이 나 와 관계를 맺었던 많은 사람들이 나로 인해 피해를 감수해야 했 음을 잘 알고 있다. 회사, 아이, 그 밖의 모두에게 너무나 미안해 서 화가 나고, 그냥 누군가 내 옆을 스쳐 지나가기만 해도 머리가 조아려지던 시절이다.

7년 동안의 악전고투 끝에 지금은 다른 엄마들 발가락 따라갈 정도의 육아 능력을 갖추게 되었다. '육아능력시험'이 있다면 낙 제점 간신히 면할 만한 수준이다. 부족하지만 아이와 내가 그럭 저럭 살아남은 것만으로도 스스로 대견하다. 이 아이가 아니었 다면 여전히 돌봄의 즐거움과 괴로움에 대해 상상도 하지 못한 채 살고 있겠지. 누군가를 돌보는 일이 사람이 사람답게 살기 위 해 기본적으로 해야 할 의무이자 권리임을 뼛속 깊이 깨달았다.

나는 아이를 기르면서, 어떤 글을 썼을 때보다, 어떤 기획을 했을 때보다, 어떤 봉사를 했을 때보다 '의미 있는' 활동을 하고 있다고 느낀다. 나아가 육아의 와중에 얻게 되는 인간에 대한 다양한 통찰이 사회생활, 조직 생활을 하는 데에도 크게 도움이 된다고 확신하게 되었다. 하지만 우리 사회가 이런 생각에 충분히 동의해주는 것 같지는 않다. 그래서 틈날 때마다 돌봄의 의미와 가치, 그리고 중요성에 대해 간증한다.

"사람이 80년(혹은 100년)을 살면서 누군가의 알뜰살뜰한 보살핌을 받아야 하는 기간이 못해도 10년(혹은 20년)은 된다. 당신들은 예외라고 생각하지 마라. 당신들이 안 하면 다른 사람들이 30년, 40년 해야 한다……." 때로 입에 거품을 물고 이런 말을 하는 내가 꼰대나 광신도처럼 보이리라는 것도 알고 있다. 하지만 '전향자의 열정'으로 그런 쪽팔림을 극복해왔다. 앞으로도 본인의 체면을 앞세우기보다는 노산 워킹맘의 기쁨과 고충을 생생히 알리는 데 최선을 다해, 일과 사랑, 일과 돌봄이 양립하는 사회를 만드는 데 기여하고자 한다.(그래도 가능하면 꼰대나 광신도 같지 않게, 우아하고 설득력 있게 해보도록 노력하겠다.)

차례

1

일과 사랑,
성취와 돌봄이 양립하는
사회를 위하여

바다표범이 이끄는 여행

집 앞 골목길에 아이와 같이 서 있었다. 아이는 내 앞에서 재롱을 부리며 깡충깡충 뛰다가 갑자기 물고기처럼 펄떡펄떡 튀더니 귀여운 점박이 바다표범으로 변했다. 해양 생물에 무지한 나로서는 바다표범인지 해달인지 강치인지 하프물범인지 정확히 알 수는 없었지만 새하얀 털에 까만 얼룩점들이 박혀 있고 작은 귀가 달린 물개 모양의 생물체였다.

'바다표범이 되어도 역시 귀엽군!'이라고 생각하던 차에, 그 바다표범이 나를 태우고 열심히 오르막길을 오른다. 영차, 영차! '이 작은 게 나를 태우고 꼭대기까지 올라갈 수가 있을까?' 의심과 안쓰러움이 혼재된 마음으로 나 역시 온몸에 힘을 준 채 바다표범을 도우려고 애쓴다. 바다표범은 힘에 겨운 듯 오른쪽으로 비틀, 왼쪽으로 비틀, 하면서도 결국 끝까지 잘 올라갔다. 바다표범도 기특하고 나도 기특하다.

그러곤 자연스럽게 내리막길이 나왔는데, 이건 오르막길보다 더 위험해 보인다. '정말 애를 믿어도 될까' 고민하다가 3분의 1쯤 내려왔을 때, '에라 모르겠다' 하고 바다표범에게 몸을 맡겼더니 스키 활강을 하는 것처럼 신나게 내리막길을 미끄러져 내려간다. 마지막엔 거의 날아가는 것 같았다.

내리막길이 끝나는 곳에는 커다란 웅덩이, 늪 같은 것이 보인다. 어떻게 해야 하나 망설이다가 용기를 내서 바다표범과 같이 그 웅덩이로 풍덩 하고 들어간다. 풍덩 물속에 빠지는 기분도 날아가는 것만큼이나 좋았다. 물속에서 눈을 뜨는 게 좀 무섭긴 했는데, 막상 눈을 떠보았더니 생각보다 아프지 않고 주변 경관이 잘 보여서 신기했다.

눈앞에 펼쳐진 장면들도 기대보다 근사했다. 사방이 흙벽으로 둘러싸인 꽤 깊은 웅덩이였는데 마치 선사시대의 유적지에 온 기분이었다. 흙벽에는 온통 화석 같은 신비로운 이미지들이 가득했다. 조금 으스스하지만 〈인디아나 존스〉처럼 흥미진진한 모험 영화를 찍는 듯했다. 그중 한쪽 벽을 채운 커다란 손 모양 부조에 눈이 갔다. 두 손 모양으로 패인 자국이었는데 나도 모르게 가까이 가서 그 자국에 내 두 손을 가만히 맞춰보았다. 엄청나게 커 보이던 흔적인데 내 손은 그 자리에 제법 잘 들어맞았다.

영화처럼 벽이 쫙! 갈라지면서 비밀의 사원으로 들어갈 문이 열리리라 기대했건만, 그런 일은 일어나지 않았다. 사실은 아무 일도 일어나지 않았다. 나는 그냥 만족스러운 기분으로 물 밖으로 나왔다.

출 산 과   양 육 의
오 르 막 길 과
내 리 막 길

앞선 이야기는 아이가 네 살 무렵 내가 꾸었던 꿈이다. 오래도록
마음에 남는, 그리고 오래도록 기운을 주는 특별한 꿈이었다. 게
다가 이 꿈은, 내가 주저하고 망설이다가 엄마가 된 과정과 내가
아이를 키우면서 경험한 새로운 세계에 대해 너무나 정확하게
요약해서 압축적으로 보여주는 듯했다. 사실 특별히 해석하려는
노력을 하지 않고도 그냥 의미를 충분히 느낄 수 있는 꿈이었다.
굳이 언어화를 해보자면 이런 것.

　아이가 태어났다. 한편으로 출산과 양육은 험한 오르막길처
럼 느껴지기도 했지만, 다른 한편으로 신나게 내리막길을 내달
리는 듯한 기쁨을 주기도 했다. 출산과 양육은 나를 정신적으로

고양시키는 일이면서(오르막길) 또 나의 단단한 육체적, 신체적 기반에 대해 자각하게 만들어준 일이기도(내리막길) 했다. 그리고 그 길의 마지막에는 커다란 물웅덩이가 있다. 엄마의 자궁 속 같은 편안한 장소이면서, 엄마와 아이가 주고받는 매우 친밀한 감정이 그런 물의 모습이 아닐까.

우리 아이는 그런 환경에 익숙한 수륙 양생의 동물이라고 할 수 있다. 그런 감정과 관계가 나에게 맞는 옷인지 확신은 없었지만, 용기를 내어 풍덩 하고 들어가 보니 생각보다 잘 맞았다. 그리고 그 관계 안에서 나는 다시 나 자신을 들여다보고 성찰할 기회를 얻었다. 선사시대의 유물, 혹은 그보다 훨씬 오래된 화석을 관찰하듯이 나의 유년시절을 객관적으로 다시 한번 조망할 수 있게 되었다. 그리고 이런 경험은 나의 엄마, 아빠, 나의 가족, 나아가 인간에 대해서도 더 많이 이해하게 해주었다.

돌 봄 에 서 도
가 장 중 요 한 것 은
'나 자 신 을 아 는 것'

나는 육아 전문가가 아니다. 만약 육아능력검정시험 같은 것이
있다면 간신히 낙제를 면할 정도의 아슬아슬한 육아력을 지닌
그냥 엄마다.(물론 나는 그럼에도 불구하고 스스로의 육아력에 대해 자책
하기보다는 "양육은 전문가들의 스포츠가 아니"라는 앤드루 솔로몬♣의 위
로를 항상 기억하려고 하는 편이다.) 이 책에서 육아에 도움이 되는 현
명한 조언이나 최첨단 정보 등을 기대하신다면 미리 죄송하다.
앞으로 이어질 내용은 그런 것이 아니다. 나는 그저 내가 아이를
키우면서 깨달은 재미있고도 의미 있는 생각들을 기록으로 남기

♣ '부모됨'에 관한 책들 중 손에 꼽는 책, 『부모와 다른 아이들 1, 2』(열린책들, 2015)
의 저자. 이 이야기는 16장에서 좀더 다루기로 한다.

고 싶었고, 나와 같은 길을 걷는 사람들과 공유하고 싶었다.

돌봄 노동, 돌봄 비용 등의 말에서 알 수 있듯이 돌봄이라는 행위에는 정치적, 사회적, 경제적 층위도 있다. 돌봄은 한국 사회에서 대단히 중요하고 어렵고 복잡한 정치적, 사회적, 경제적 '문제'이기도 하다. 나는 아이를 낳고 나서야 내가 어쩔 수 없이 '여성'이라는 사실을 자각하게 된 면이 있다(정치적인 측면). 게다가 한국의 현실에서 노산 워킹맘으로 사는 일은 기본적으로 몹시 피곤하고 몹시 구질구질한 일이다(경제적이고 사회적인 측면). 이런 경험과 인식이 나의 돌봄 경험의 아주 중요한 한 축을 형성하기는 했지만, 거기에서 멈추고 싶지는 않다.

앞에 소개한 꿈에서 가장 중요한 사실 중 하나는 바다표범이 나를 태우고 그 모든 길을 갔다는 사실이다. 나는 엄마가 되고 나서야, 돌봄이 "둘이 함께 추는 춤" 즉 상호적인 행위라는 사실을 알게 되었다. 아이가 양육자와의 '동화'와 '분리'를 통해 스스로를 형성하는 동안, 돌보는 사람도 그에 영향을 받고 변화한다.

델포이의 아폴론 신전에는 '너 자신을 알라!'라는 글귀가 씌어 있다. 아이들이 이 인간의 보편적이고 전통적인 과제를 최초로 수행하기 위해 씩씩하게 자기 길을 가는 동안, 엄마도 그 과제를 다시 반복하게 된다. 의혹이 일겠지만, 한번 믿어보시라. 바다표범이 이끄는 이 여행에 몸을 맡기고 따라가다 보면, 우리는 '나 자신' 그리고 '인간 그 자체'에 한 발 더 가까이 다가가게 될 것이다.

엄마가 되고 나서야,
돌봄이

"둘이 함께 추는 춤"

즉 상호적인 행위라는 사실을 알게 되었다.

아이가 양육자와의 '동화'와 '분리'를 통해
스스로를 형성하는 동안,
돌보는 사람도 그에 영향을 받고 변화한다.

돌봄 노동, 돌봄 비용 등의 말에서 알 수 있듯이
돌봄이라는 행위에는 정치적, 사회적, 경제적 층위가 있다.

돌봄은 한국 사회에서
대단히 중요하고 어렵고 복잡한
정치적, 사회적, 경제적 '문제'이기도 하다.

육아의 와중에 얻게 되는
인간에 대한 다양한 통찰은
조직 생활을 하는 데에도
크게 도움이 되리라고 확신하게 되었다.

하지만 우리 사회가 이런 생각에
충분히 동의해주는 것 같지는 않다.

2

출산과
탄생이라는
기적

내가　처음으로
아　이　에　게
반　한　순　간

"자궁수축이 시작되고, 자궁경부가 벌어지고, 태아의 머리
가 골반까지 내려오면, 태아는 팔다리를 몸에 딱 붙이고, 머
리를 돌려 산도를 통과한다. 머리가 나오면 태아는 다시 몸
을 회전시켜 한쪽 어깨를 밀어내고 다시 나머지 어깨도 밀
어낸다."

임신 말기 남편과 함께 라마즈 출산 강의에서 들은 내용 중 한 대
목이다. 출산의 과정을 자세히 설명하며 걱정할 것 없다고 위로
하는 강사님의 말씀이 무색하게도, 알면 알수록 더욱 심란한 내
용들이었다. 그런데 바로 위의 대목을 듣는 순간 눈물이 핑 돌았

다.(고령 임신부들이 눈물을 많이 흘리는 경향이 있다고 하기는 한다.)

임신과 출산기에 태아가 적극적으로 움직인다는 사실이 신기하고 놀라웠다. 어느 임신과 출산에 관한 책에서 본 내용에 따르면, 출산 시에 태아가 산모보다 두 배 이상의 힘을 들이고 두 배 이상의 고통을 느낀다고 한다.♣ 아무리 말랑말랑하다고 해도 두개골 형태가 바뀔 정도의 고통이니 충분히 그럴 만하지 않은가.

나는 책도 보고(임신 초기부터 구입해댄 임신, 출산, 육아에 관한 책들만 몇 권이던가!) 강의도 듣고(라마즈 강의를 저렇게 열심히 들어놓고도, 막상 출산 당시에는 호흡이고 뭐고 당장 무통주사를 놓으라며 소리를 버럭버럭 질러대던 남우세스러운 기억이 떠오른다.) 여러 사람의 도움을 받아 준비를 하면서도 자신이 없는데, 아이는 어떻게 혼자서 저렇게 척척, 몸을 이리 돌렸다 저리 돌렸다, 어깨를 들었다 내렸다 하며 지난한 탄생의 과정을 겪어낸단 말인가! 우리 아이에 대한 이야기도 아니고, 그냥 일반적인 탄생 과정에 대한 이야기를 들었을 뿐인데, 그 순간 나는 곧바로 배 속에 있는 아이에게 반해버렸다.

사실 그 이전까지 내 배 속에서 꿈틀거리는 것이 '사람'이라는 논리적 의식은 있었지만, 정서적으로는 그 '존재'가 크게 와 닿지

♣ 정확한 출처를 찾아보려 노력했으나 찾을 수 없었다. 다만 인용된 사례들에서는 수치는 두 배에서 열 배까지 다양하다. 하긴 처음 들을 때부터 의아하긴 했다. 이 수치를 어떻게 측정한 걸까? 엄마가 느끼는 통증은 1~10까지의 수치 중 고르도록 해서 어느 정도 수치화, 객관화해볼 수 있겠지만, 아기가 느끼는 고통의 수치를 어떻게 측정할 수 있을까? 뇌파를 기록하는 등의 방식으로?

않았다. 남들은 임신 2개월부터도 태담을 한다던데, 나는 허공에 대고 혼잣말을 하는 듯한 어색함을 끝내 극복하지 못했다. 임신 중기에 초음파를 보다가 아이가 눈을 반짝 뜨고 있는 모습을 보고 깜짝 놀란 적이 있긴 하다. 그렇게 경이로운 순간들이 있었지만, 살짝 마음이 열린 정도였을 뿐 그 존재를 강하게 느끼지는 못했던 것 같다.

그런데 위의 설명을 듣는 순간, '엄청난 힘을 지닌 나약한 존재' '아무것도 못하지만 사실은 많은 걸 하는 존재'라는 강력한 아기의 이미지가 만들어졌다. 나보다 훨씬 연약하지만 너무나 든든하고 믿음직한 존재. 이런 매력적인 존재에 대한 경탄은 힘겨운 신생아 시기의 육아를 이겨낸 원동력이 되기도 했다.

약 한　존 재 에
대 한　존 중 의
감　수　　성

아기는 배 속에 있을 때는 아무도 가르쳐주지 않은 것을 스스로 알고 행동으로 옮기는 존재였고, 엄마인 나에게 그때그때 적절한 지시를 내리는 존재였다. 태어나고 나서도 아기는 언어의 힘을 전혀 빌리지 않고 울음소리만으로도 자신의 욕구를 명확하고 당당하게 표현하곤 했다. 아기 울음소리가 어찌나 당당하고 우렁찼는지, 울음이 터지면 낮이건 밤이건 30초 안에 아기가 원하는 것을 대령할 정도로 나는 군기가 꽉 잡힌 엄마가 되었다.

영화 〈보스 베이비〉의 원작 그림책인 『우리 집 꼬마 대장님』 (웅진주니어, 2016)은 이런 아이의 권위에 대한 감각을 유쾌하게 확장한 이야기라고 볼 수 있다. 잘 생각해보면 고양이와 개, 혹은 거리의 비둘기 같은 동물들도 취약하지만 위엄 있는 존재로서 우리를 감동시키는 순간들이 있다. 약한 존재 안에 숨겨진 힘을 발견하는 경험은 부모가(조금 더 확장하면 돌보고 보살피는 사람들 모두가) 하게 되는 가장 중요한 경험 가운데 하나이다. 작고 어린 존재가 강력하게 내뿜는 요구를 누구보다 예민하게 살피고 반응해야 한다는 돌봄의 큰 원칙 밑바탕에 이런 존중의 감수성이 자리 잡고 있다.

돌봄은 이런 감수성을 극대화한다. 약한 존재에 대한 존경, 약한 존재에 대한 경탄, 약한 존재에 대한 복종은 약한 것은 함부로 해도 된다거나, 약한 것은 불쌍하다는 감수성과는 완전히 다른 차원의 관계 맺음을 가능하게 하는 감수성이다.

유　아　기　의
전　능　감　과
인　간　의　존　엄

아기의 위엄을 잘 설명하는 용어로 '유아기의 전능감'이라는 것이 있다. 유아기의 전능감에 대해서는 프로이트의 '아기 폐하'(His Majesty the Baby)에 대한 언급에서부터 시작해, 멜라니 클라인, 도널드 위니컷 등 정신분석학자들이 수많은 이야기를 해 왔다. 모든 욕구가 태반을 통해 자동적으로 충족되는 자궁에서 열 달을 보낸 태아는 당연히 자신의 욕구가 바로바로 처리되기를 바란다. 자신이 세상과 우주의 중심이고, 나아가 자신이 세상과 우주 그 자체이다. 이 시기 아이들에게는 '이상향'에 대한 기억이 선명하다. 이것이 '전능감'의 원천이다.

　그런데 태아가 세상에 나오게 된 뒤에는, 이런 욕구를 엄마,

아빠 등의 양육자가 충족해주어야 한다. 24시간 풀가동되는 태반과 달리 엄마, 아빠 등의 양육자는 자신들의 의식주 및 생활을 꾸려가는 데 필요한 노동과 휴식을 하며 아기를 돌본다. 아기의 섭식, 배설, 수면 등의 욕구가 즉각적으로 해결되기 어려운 것이다. 그런 경험은 아기들이 자신의 무능력함을 고통스럽게 인정하도록 만든다. '전능한 내가 이렇게 젖어 있다니!' '전능한 내가 이렇게 배가 고프다니!' 자신의 불완전성에 분노하고 좌절하는 것은 자연스러운 성장의 과정이고, 많은 전문가들의 말대로 우리는 부모로서 아이가 이 좌절을 건강하게 잘 수용할 수 있도록 도와야 할 것이다.♣

♣ 한 발 더 나아가 마사 누스바움은 이러한 전능감과 인간적인 취약성에 대한 고통스러운 인정이 '수치심'을 불러일으키고, 그 '수치심'이 '인간적인 조건'에 대한 폄훼로 이어지며, 인간적인 조건을 인정하고 수용하지 못하는 태도가 '여성에 대한 혐오'로 이어진다는 과감한 가설을 내세우기도 한다. 「약자에 대한 배려 능력으로서의 공감(Compassion : Human and Animal)」(Martha C. Nussbaum, 오병선 옮김, '석학과 함께하는 인문강좌 : 감정과 정치문화' 제3강연 강연자료, 2008년 8월 29일, 서울대학교 법학연구소)
"예측할 수 있는 평안과 안전이 되돌아오는 것을 상상할 수 없을 때에는 아이는 철저한 고독과 전적인 무력감을 경험한다. 무력감과 고도의 인지 능력의 독특한 결합에서 형성된 유아의 곤경으로부터 여러 가지 감정들이 자란다: 필요로 하는 것들이 결코 도착하지 않을 것이라는 두려움; 그것들이 보류되고 있다는 분노; 필요가 충족될 때의 기쁨과 초기적 형태의 감사; 그리고 최종적으로는 치욕감. 치욕감은 일반적으로 자아에 있는 인지된 결점이나 부적합성을 향한 고통스러운 감정이다. 내가 원시적 치욕감이라고 부르는 것은 전능하지 않다는 결점을 그 대상으로 삼는 수치심이다."(강연자료 20쪽)

하지만 나는 조금 엉뚱하게도 생각해본다. 완벽한 합일의 시절에 대한 기억이야말로 우리를 비굴하거나 무책임해지지 않도록 도와주는 힘이 아닐까. '인간의 존엄성'을 쟁취하려는 노력도 이에 기반해온 것이 아닐까. '유아기의 전능감'은 인간이 나약하고 불완전하지만 그럼에도 불구하고 더 나은 세상을 꿈꿀 수 있다는 표식 같은 게 아닐까. "모든 사람은 태어날 때부터 자유롭고 존엄하며 평등하다."♣는 조항으로 시작하는 「세계인권선언」의 정신이야말로 그 증거가 아닐까.♣♣

♣ "모든 인간은 태어날 때부터 자유로우며 그 존엄과 권리에 있어 동등하다. 인간은 천부적으로 이성과 양심을 부여받았으며 서로 형제애의 정신으로 행동하여야 한다."(「세계인권선언문」 제1조)

♣♣ 지나친 자아 팽창이 다양한 문제를 만들어내는 사회에서 이런 말은 이상하게 들릴 수도 있다. 우리가 사방팔방에서 보고 느끼다시피, 별다른 노력 없이 너무 많은 것을 가진 자들의 자아 팽창은 항상 문제를 야기한다. 이 글도 그런 고민과 동떨어져 있지 않다. 오히려 인간적인 조건을 깊이 체감할 수 있는 존재만이, 그 좌절을 깊이 체감할 수 있는 존재만이, 이상에 대한 뜨거운 열망도 품을 수 있는 것이 아닐까 하는 이야기를 하고 싶었다.

고양이와 개, 혹은 거리의 비둘기 같은 동물들도 취약하지만
위엄 있는 존재로서 우리를 감동시키는 순간들이 있다.
약한 존재 안에 숨겨진 힘을 발견하는 경험은
부모가(조금 더 확장하면 돌보고 보살피는 사람들 모두가) 하게 되는
가장 중요한 경험 중 하나이다.

작고 여린 존재가 강력하게 내뿜는 요구를
누구보다 예민하게 살피고 반응해야 한다는
돌봄의 큰 원칙 밑바탕에
이런 존중의 감수성이 자리 잡고 있다.

3

수유,
나와 타인의
연결

모 유   수 유
VS
분 유   수 유

모유 수유가 이렇게 뜨거운 이슈일 줄은, 애 낳기 전에는 정말 몰랐다. 출산 후 다양한 매체와 기관에서 만난 여러 전문가들이 저마다의 논리를 가지고 열정적으로 찬반 의사를 표명했고, 모든 육아와 관련된 온라인 카페, 블로그에는 모유 혹은 분유를 지지하는 엄마들의 고민과 논쟁이 끊이질 않았다.

사실 내 경우에 분유가 아닌 모유를 수유하기로 정한 이유는 단순했다. 출산 전 라마즈 강좌에서 열정적인 강사에게 모유 수유를 권유받았던 것이다. 강사는 모유 수유가 왜 어렵다는 건지, 왜 대단한 각오가 필요하다는 건지에 대해서는 길게 이야기하지 않은 채(이야기하셨는데 흘려들었을 가능성 99%), WHO와 UNICEF

가 2년 이상의 모유 수유를 권장하니 2년 이상 수유를 하라고 했다. 나는 의외로 교과서적인 인간이기 때문에, 신뢰할 만한 공공 기관이나 전문가가 시키는 일은 가능하면 열심히 하려고 하는 편이다.

하지만 지나고 나서 보니, 인생의 많은 문제들이 그렇듯 모유냐 분유냐의 문제 역시 정답이 있는 것이 아니라, 엄마가 아기와 자신을 믿고 자신의 마음을 따라 결정해야 할 문제였음을 알게 되었다. 자기 몸과 마음을 집중력 있게 들여다봐야 할 문제. 엄마 자신이 원하지 않는데 아이의 신체 발달이나 두뇌 발달에 좋다거나 하는 남의 이야기들에 끌려가서는 안 된다. 거꾸로 엄마 자신이 원하는데 아기가 예민해진다, 다른 사람이 돌보기 힘들다, 나아가 의식 있는 여성이 할 짓이 아니다 등의 만류에 끌려가서도 안 된다.(내가 이럴 뻔했다.) 많은 엄마들이 온전히 자신의 몸과 마음으로 하여금 결정하고 책임지게 하기를, 어떤 집단적인 당위나 프로파간다나 유사과학 등등에 휘둘리지 않기를 기도한다.

그럼에도 불구하고 이런 글을 쓰는 이유는 결단코 엄마들에게 모유 수유를 권하려는 것이 아니다. 그보다는 이 글은 나와 비슷한 처지와 가치관과 욕구와 취향을 지닌 이들을 위한 것이다. 다수는 아니더라도 분명 이런 욕구, 취향, 가치관을 공유하는 이들이 있으리라고 믿기 때문이다.

경험상 약간의 자신감을 가지고 말할 수 있는 몇 안 되는 사실

들 가운데 하나는 모유 수유가 대부분의 경우에 가능하다는 것이다. 아기는 어떤 상황에도 대체로 다 적응한다. 이 지면에서 자세히 묘사할 수는 없지만 나는 모유 수유를 하기에 쉽지 않은 신체 조건을 타고났다. 그래서 초기에 산고보다 더 강도가 세고 지속 주기가 긴 고통을 겪기는 했다. 아기 입과 모양이 맞춰지기까지 까지고 피가 나고 일주일에 한 번 꼴로 유선이 막히고 유선염이 오고, 양이 모자라고, 아이가 유축 모유를 거부하는 등의 수많은 역경이 있었지만, 결국 나는 회사에서 하루 두 번씩 유축을 하며 22개월까지 모유 수유를 했다.(아*통곡 이수점 장인애 원장님과 메델* 프리스타일 양축형 유축기가 일등 공신이다. 회사 수유실에도 이 자리를 빌려 감사를 전한다.)

분 리　불 안 을
겪 는　부 모 에 게
수 유 를　권 한 다

회의와 의심과 주변의 만류에도 불구하고 내가 하고자 하는 대
로 강행할 수 있었던 것은, 아이를 위하는 마음보다는 나를 위하
는 마음 덕분이었다. 나에게 모유 수유의 매력은 아기의 머리가
좋아지는 것도 아니고 아기가 건강해지는 것도 아니고, 탯줄의
단절이라는 충격 이후 아기를 나와 연결해주는 단단한 끈이 형
성된다는 것이었기 때문이다. 아이는 어땠는지 모르겠지만, 나
는 확실히 그런 단절로 고통받는 엄마였다.

　엄마가 출산과 양육 초기에 아기와 강력하게 연결되기를 원
한다면, 그 누구도 말려서는 안 된다. 이후의 자연스러운 분리를
위해서라도 그렇다. 거꾸로 이미 아기와 충분히 연결되어 있다

고 느끼는 엄마라면, 특별히 마음에 걸리는 다른 이유가 없는 한 아빠에게 수유의 기회를 많이 양보하는 것도 괜찮지 않을까 생각해본다. 수유를 통해 아이와 연결되는 경험은, 출산을 경험하지 못한 채 부모가 되어 급작스럽게 변화를 받아들여야 하는 아빠들에게, 틀림없이 도움이 되리라 믿는다.(사실 나는 평균적인 남자들만큼이나 이전에 출산 및 양육에 대해 무지하고 무능한 상태였기 때문에, 아빠들에게도 공감을 많이 하는 편이다.)

그렇다면 내가 유달리 분리 불안을 겪었던 이유는 무엇일까? 우선 나는 상대적으로 고령 출산을 해서인지 신체적, 정신적인 에너지가 많이 부족했다. 또 석 달여의 출산휴가를 마치고 바로 복귀를 했던 것도 영향을 미쳤다.(당연한 말이지만 고령 출산이라고 해서, 육아휴직을 쓰지 못한다고 해서 다 분리 불안을 겪는 것은 아니다.) 하지만 더 중요하게는 개인의 기질과 관련이 있어 보이고, 내가 양육자들과 어떤 관계를 유지했는지, 내가 어떤 방식으로 양육되었는지, 한마디로 유년기 경험과도 관계가 있어 보인다.♣

그러니 기질적으로 예민하고 불안함이 많거나, 유년기에 양

♣ 물론 나는 한 인간 정신의 발달을 어머니들의 양육 방식에 의존해 설명하려는 이론들의 '어머니 혐오'에 대해 비판적으로 보는 편이다. 가령 주디스 리치 해리스가 쓴 『양육가설』(이김, 2017)은 사회적인 편견에 기대서 아이에 대한 부모의 영향을 과대평가하는 수많은 발달이론들이 얼마나 비과학적인지 낱낱이 검증한다. 그리고 통념과 달리 아이들에 대한 부모의 영향은 제한적이고, 아이의 사회성을 비롯한 발달과 개성화가 또래 집단(peer group)에 훨씬 더 많은 영향을 받는다고 주장한다.

육자와의 애착에서 특이사항이 있는 분들에게는 모유 수유가 나에게 그랬듯 도움이 되리라고 믿는다.

언젠가 사람의 수태 기간이 원래 13개월이었는데 직립보행 후 10개월로 줄어든 것이라, 사람이 태어나고 3개월간은 거의 수태와 동급의 케어가 필요하다는 독특한 설을 들은 적이 있다.♣ 이것이 과학이건 전설이건 내 마음에는 아주 쏙 들었다. 실제로 아기들은 처음 3개월 반 정도 엄마의 몸과 분리된 상황에 적응하느라 무척 힘든 시간을 보내니까 말이다. 호흡부터 섭식, 소화, 그리고 팔다리 근육의 사용, 시각, 후각, 청각, 촉각 등 감각의 활용

하지만 『양육가설』의 이 고마운 문제 제기는 역사적인 맥락 안에서 읽을 때 더 유용하리라는 말을 덧붙이지 않을 수 없다. 애초에 수많은 발달이론들이 근대 서구에서 등장한 역사적인 맥락과 그것이 전 세계적으로 수용된 맥락, 그리고 또다시 부모의 영향이 이전보다 위축되고 있는 현실의 맥락(뒤집어 말하면 부모가 매개가 되어 전수하는 전통적인 가치관보다 각종 광고가 전달하는 전 세계적으로 획일화된 메시지가 훨씬 더 강력한 영향력을 갖게 된 맥락)을 모두 간과한 채 '부모가 아이에게 별 영향을 끼치지 못한다'라고 주장하는 것은, 『양육가설』이 비판하는 그 많은 가설들과 마찬가지로 왜곡되어 전달될 가능성이 높기 때문이다.

♣ 얼마 전에는 다른 책에서 수태 기간이 2년이라는 설도 읽었다. "인간의 아기가 몹시 미성숙한 상태로 태어난다는 점을 고려하면 아기에게 매력이 있다는 것은 무척 다행스러운 일이다. (…) 뇌 크기가 큰 종들은 일반적으로 임신 기간도 길다. (…) 인간을 제외한 모든 포유류 전반에 나타나는 기본 패턴을 따른다면 인간의 임신 기간은 21개월이어야 한다. 하지만 인간의 실제 임신 기간은 9개월이다. 이유는 간단하다. 우리 조상은 커다란 뇌를 진화시키기에 앞서 먼저 직립보행에 적합한 신체 구조를 진화시켰다."(『던바의 수』, 로빈 던바, 아르테, 2018, 114쪽)

이 모두 제자리를 찾아가는 기간이라, 그사이 아기들은 눈곱이 끼고, 팔다리를 뒤틀며 용틀임을 하고, 똥을 하루에 열 번씩 누고, 코를 그렁거리다 깨고, 아토피나 발진 등이 올라오고, 이유 없이 놀라고, 이유 없이 울고, 낮밤이 바뀌고, 잠 못 이루는 등 온갖 희한한 증상들로 엄마들을 불안하게 만든다.(혹시 우리 애만 유난스러웠던 것인지?) 백일의 기적 같은 이야기가 괜히 나왔겠는가! 이런 힘든 시간을 달래주는 데에도 모유 수유를 통한 안정감이 큰 도움이 되었다.

그 밖에 내가 경험한 실용적이고 부수적인 모유 수유의 장점들은 다음과 같았다. 외출할 때 편하다, 수유하는 동안에는 엄마가 덜 피곤하다(호르몬 영향이라는 연구 결과가 있었다), 젖병 관리를 안 해도 된다, 분유 값이 안 든다, 밤중 수유가 더 편하다……. 물론 단점들도 명백하다. 아기와 엄마의 수면의 질이 떨어진다, 엄마 가슴 모양이 슬퍼진다, 아기 뱃구레가 작아진다, 아이의 수면 습관 형성에 악영향을 미친다……. 하지만 이런 장단점이 막대한 것들이라고 생각되지는 않는다. 그야말로 무엇을 선택하든 우리의 결정에 따라오는, 부수적인 작용과 부작용들일 뿐이다.

요약하자면, 수유는 보건 문제라기보다는 오히려 사회적이고 문화적이고 정서적인 문제다. 아기들이 하루에 우유(모유)를 얼마만큼을 먹어야 한다는 그 미국소아과협회의 기준마저도 절대적인 것은 아니다. 모유의 경우 애초에 아이가 하루에 몇 밀리를 먹는지 측정할 수도 없으니 말이다.

모유 수유는 엄마의 몸과 정신과 영혼을 일정 정도 아기에게 집중하도록 하는 역할을 한다. 그것이 옥시토신 때문이건, 다른 호르몬 때문이건, 혹은 심리적인 기제건, 이런 강제적인 기제가 없었다면, 내 경우에는 이런 약육강식의 사회에서 엄마의 마음을 지키며 생존하기가 더 어려웠을 것 같다. 조금 과장해서 모유 수유의 경험이 없었다면 나는 양육 따위 최소한의 비용으로 처리하면서 내 개인의 사회적 성취에만 몰두하는 괴물이 되었거나, 아니면 끝내 나의 일과 사회적 책임을 놓아버리고 아이에게만 매달리는 희생적 삶을 선택하고 우울해했을지도 모르겠다.

그래서 나는 나처럼 괴물이 될 잠재적 인자를 보유한 특수한 종류의 워킹맘들에게 모유 수유를 권하고, 모유 수유를 선택한 워킹맘들을 엄청나게 응원한다.(물론 모유를 선택하지 않았지만 다른 여러 방법을 동원해 양육과 일의 균형을 잡으려고 애쓰는 모든 워킹맘들을 응원하고, 전업맘들은 무조건 존경한다.) 어떤 의미에서 이들은 육아를 권하지 않는 이 사회에서, 타협도 직무 유기도 없이, 꿋꿋하게 자기 길을 가는 동료들이기 때문이다. 이 사회가 혹시나 앞으로 양육하기 좋은 사회, 건강한 돌봄 사회로 변한다면, 이런 이들의 공도 기억되어야 한다고 생각한다. 엄마 되기와 사회인 되기라는 한국 사회에서 쉽지 않은 꿈을, 양손에 꼭 쥐고, 절대로 놓지 않는 그 끈질김은 같은 방향을 바라보는 나 같은 사람에게 더없이 큰 힘과 위로가 된다.

<u>수유란,</u>

엄마가 아기와 자신을 믿고 자신의 마음을 따라 결정해야 할 문제였음을 알게 되었다. 엄마 자신이 원하지 않는데 아이의 발달에 좋다거나 하는 남의 이야기들에 끌려가서는 안 된다. 거꾸로 엄마 자신이 원하고 엄마가 출산과 양육 초기에 아기와 강력하게 연결되기를 원한다면, 그 누구도 말려서는 안 된다. 이후의 자연스러운 분리를 위해서라도 그렇다.

<u>아기와 충분히 연결되어 있다고 느끼는 엄마라면,</u>

아빠에게 수유의 기회를 많이 양보하는 것도 괜찮지 않을까 생각해본다. 수유를 통해 아이와 연결되는 경험은, 출산을 경험하지 못한 채 부모가 되어 급작스럽게 변화를 받아들여야 하는 아빠들에게, 틀림없이 도움이 되리라 믿는다.

4

단유,
첫 번째
분리 연습

사   적   인
문 제   해 결
방   법

부모가 되는 일의 어려움 가운데 하나는 타인(아이)의 인생에 영향을 미치는 중요한 결정들을 끝도 없이 내려야 한다는 것이다. 아이는 자라면서 단계적으로 부모의 품을 빠져나가는데 단유는 (출산을 제외하면) 초기의 가장 중요한 분리라고 할 수 있다. 생애 초기 관계에 대한 경험이 일생에 걸쳐 관계에 영향을 미친다는 대상관계 이론에서 초기 분리의 경험에 주목하는 것, 특히 멜라니 클라인이 '젖떼기'의 경험을 강조한 것이 비유나 상징이 아니라 매우 현실적인 서술이기도 하다는 사실을 알게 되었다.

　정답은 없지만 자신에게 최선의 답을 찾기 위해 모든 부모는 각자가 지닌 최선의 지혜를 동원한다. 수유의 방식을 결정하는 것만큼이나 단유의 시기와 방식을 결정하는 것 역시 그런 의미에서 어렵다. 아이와 나와 우리 가족을 있는 그대로 잘 바라보고 수용하는 과정이 필요하다는 뜻이다. 소아과 선생님도, 육아 책도, 육아 선배들의 경험도, 모두 기본적인 참조만 될 뿐, 내 아이와 나의 상황에 맞는 결정은 오롯이 나와 우리 가족이 내려야 한다.

아이를 키우면서 분명히 알게 된 것은, 이게 내가 가장 못하는 일이라는 사실이다. 최대한 객관적으로 보이는 답을 찾고, 답에 맞추어 열심히 달리는 일은 내가 가장 잘해온 일이다. 그 답의 한계를 알고 그 답을 비판적으로 바라보는 일도 잘하는 편이다. 물론 사회에서도 중요한 결정을 할 때 객관적인 답이 없는 경우를 많이 접한다. 그럼에도 불구하고 사회에서는 내가 종합적인 추론과 직관과 직감을 거쳐 이끌어낸 판단을 최대한 객관적으로 풀어서 설명하고 뒷받침하고 합의를 이끌어내는 과정이 중요하다.

그런데 아이를 키우는 데에 있어서는 이런 공적인 문제 해결 방식이 크게 도움이 되지 않는다는 사실을, 이제는 겸허히 수긍하게 되었다. 내 선택이 과학적인 근거를 가졌느냐, 충분히 합리적인 의사소통을 거쳤느냐, 이런 것이 중요하지 않은 영역이 있다니……. 안 그래도 육아를 못하는 것 같아 위축되어 있던 나는 더더욱 초라해졌다. 논리적인 언어로 정교하게 뒷받침하고 포장하는 일을 열심히 해서 칭찬받으며 살아온 나로서는, 그것이 양육에 있어서 무용하다는 사실을 받아들이는 것이 쉽지 않았다.

육아는 모든 집단적인 가치와 합리성이라는 완장을 다 떼고, 타인과 일대일로 직접 마주서서 몸으로 부딪치고 몸으로 느끼고 판단하고 소통하는 일의 중요성과 가치를 배우는 과정이었다. 그리고 이제는 내가 최소한 이런 반성을 할 수 있는 인간이라는 것이 기특하기도 하다.

몸 빵 으 로
때   운
시   간   들

나는 앞서 말한 대로 여러 사람들(특히 회사 동료와 후배들, 시터 아주머니, 그리고 남편 등)의 배려와 여러 현대적인(?) 도구(가령 핸즈프리 기능을 탑재한 자동유축기) 및 기술(가령 통곡 마사지 기술)의 도움에 힘입어, 직장에 다니며 2년간 모유 수유, 이른바 '완모'를 할 수 있었다. 아이가 18개월 되던 여름부터 그해 크리스마스가 되면 산타클로스 할아버지가 와서 잘 컸다고 선물을 주고 대신 엄마 쭈쭈는 가져갈 거라고 이야기한 적이 있다. 그냥 되는 대로 지어낸 이야기였을 뿐 정교하게 고안된 계획은 전혀 아니었다. 그러다 정말로 12월 하순 아이가 감기에 걸렸는데 모유를 먹으면 설사 증상이 심해지는 바람에 곧바로 단유를 감행하게 되었다. 즉

흥적인 결정이라 아이에게 준비 시간을 충분히 주지 못한 것 같아 걱정했지만, 실은 내가 더 걱정이었다.

대한민국 영유아 엄마들 전체가 가입되어 있는 듯한 어느 인터넷 카페에 따르면, 대표적인 단유법에는 '곰돌이 단유법'과 '밴드 단유법'이 있다. 말 그대로 엄마 쭈쭈에 곰돌이를 그려놓고(다시 생각해도 조금 엽기적이다) 이제 쭈쭈는 곰돌이 것이라 못 먹는다고 하거나, 밴드를 붙이고 엄마 쭈쭈가 아파서 못 먹는다고 하는 방법이다. 그림에 소질이 없는 나는 후자를 택해서, 잠들기 직전 수유 타임에 아이에게 단유를 통보했다. 아이는 서럽게 울었지만, 상황 자체는 수용했다. 안고 두 시간쯤 노래를 부르며 달래주자 아이가 잠들었고, 그 뒤로 거의 두 시간에 한 번씩 깨서 울다 지쳐 잠들기를 반복했다.

그동안 항상 수유를 하며 아이를 재웠기 때문에(전문가들과 육아 책이 가장 싫어하는 바로 그 버릇), 실은 이때가 아이가 누워서 잠드는 것을 내 눈으로 처음 본 순간이었다! 너무나 감동적일 것만 같은, 머릿속으로 늘 상상해보려 해도 잘 떠오르지 않던 모습이었는데, 어쩐지 너무 평범하고 아무렇지도 않은 광경이어서 의아할 지경이었다. 하지만 내가 그 기적의 의미를 충분히 곱씹어보기도 전에, 아이는 다시 갑작스럽게 잠에서 깨어 대성통곡을 했다. 그 천둥 같은 소리가 마치 우리 삶에서 아름다운 기적의 순간은 오래 지속되지 않는다는 선언, 우리는 늘 현실로 빨리 돌아올 줄 알아야 한다는 웅변처럼 들렸다.

　그렇게 아이가 두 시간마다 깨서 울다 지쳐 잠드는 패턴으로 일주일 정도를 지내는 동안 엄마인 나의 평균 수면 시간은 세 시간이 될까 말까 했다. 하루는 좀 괜찮고, 하루는 안은 채로 밤새 서 있으라 하고, 그렇게 아이 비위 맞춰가며 열흘쯤 버티다 보니 몸이 망가지기 시작했다. 그러면서 나도 천천히 마음 정리가 되었다. 젖떼기는 아이에게만이 아니라 엄마에게도 충격이다. 또 아이의 신체 리듬만큼이나 엄마의 신체 리듬도 총체적으로 재조정되어야 하는 사건이다. 아이가 어떻게 스스로를 위로하고 어떻게 스스로 잠들어야 할지 몰라 울부짖을 때, 그 아이를 안고 흔들고 노래를 부르며 엄마도 어떻게 이 아이와 나의 관계를 재설정해야 할지 가늠이 되는 것이다. 우리의 본질적인 신뢰관계, 애착관계는 변함이 없음을 서로 충분히 확인하고, 그럼에도 아이는 이제 조금씩 품에서 빠져나가리라는 사실을 인정하고, 받아들이는 기간. 그 열흘은 그런 기간이었다.

어 느 날
부 터 인 가
스 르 르

단유 후 2주쯤 되는 날부터 아이를 안아서 달래지 않고 그냥 눕혀서 재우기 시작했다. 그리고 그 후 어느 시점부터 아이는 혼자서 스르르 잠들게 되었는데, 그 역사적인 변화의 시작이 언제부터인지 정확히 모르겠다. 우리가 정말로 간절히 소망하는 어떤 순간이란, 예술적인 어떤 '멈춤'의 시간이 아니라, 이렇게 일상을 통과하며 자연스럽게 흐르는 시간이 아닐까……. 결국 아이는 새벽에 깨서도 조금 칭얼거리다가 금방 잠드는 착한 아기가 되었고, 나 역시 2년간의 밤중 수유로 새벽에 몇 번씩 깨던 습관을 버리고 밤새 통잠을 자게 되었다. 그리고 그렇게 한 달여에 걸친 단유가 마무리되었다.

다시 한 번 강조하지만 아이들의 수용 능력과 자기-통제의 욕구는 정말로 대단하다. 아이는 젖을 떼고 3주쯤 지난 무렵 졸음으로 반쯤 정신이 나간 상태에서 딱 한 번 실언한 적이 있다. 그러나 그 전후로는 단 한 번도 젖 달라는 의미를 함축하는 모든 종류의 언어 사인을 한 적이 없다. '엄마 가서 코 자자' '엄마랑 코 자자' '빨간 소파(밤중 수유 장소)에서 코 자자' '쭈쭈 주세요' '왼쪽 쭈쭈, 오른쪽 쭈쭈' 등등 이전에는 입에 달고 살던 이 모든 말들이 하루아침에 사라졌다.

물론 옛날 그 시절이 어렴풋이 기억나고 그리울 때면 아이는 이렇게 상황을 정리해서 말로 반복해보기도 했다. "엄마 쭈쭈 아파. 키티 밴드 붙였어. 그래서 ＊＊이가 울었지?" 그래서 내가 "맞아. 그런데 ＊＊이는 이제 다 컸으니까 괜찮지?"라고 하면 아이는 또 내 머리를 막 쓰다듬으며, "괜찮아, 괜찮아~"라고 하는 일종의 반복 의식이었다.

단유를 하면서 나는 육아에서 하나의 큰 고비를 넘었다고 느꼈다. 한편으로는 아이가 너무 빨리 쑥 커버렸다는 허전함도 한동안 지속되었다. 하지만 이런 연습을 통해 아이가 한 인간으로 독립하고 우리가 잘 분리될 수 있겠구나 싶은 설렘도 맛보았다. 무엇보다 중요한 것은 단유하기 이전까지 아이와 내가 채워온 수유의 시간이 만족스러운 경험이었다는 점이다. 그 만족감이 이후 여러 분리의 단계에서도 힘이 되어주리라고 믿는다.

아이는 자라면서
단계적으로 부모의 품을 빠져나가는데
단유는 (출산을 제외하면)
초기의 가장 중요한 분리라고 할 수 있다.

수유의 방식을 결정하는 것만큼이나
단유의 시기와 방식을 결정하는 것 역시 어렵다.
아이와 나와 우리 가족을 있는 그대로 잘 바라보고
수용하는 과정이 필요하다는 뜻이다.

소아과 선생님도,
육아 책도,
육아 선배들의 경험도,
모두 기본적인 참조만 될 뿐,
내 아이와 나의 상황에 맞는 결정은
오롯이 나와 우리 가족이 내려야 한다.

5

아이들은
왜 스스로
잠들 수 없나

잠을 재워 준다는 것의 의미

아이를 낳고 양육하는 동안에 마주치게 된 예기치 못한 어려움들은 충분히 많다. 모유 수유, 이유식 먹이기, 밥 먹이기, 목욕시키기, 아픈 아이 간호하기, 병원 다니기, 예방 접종 및 각종 보조금, 지원금을 놓치지 않기, 단유하기, 배변 훈련, 몸으로 같이 놀아주기(혹은 시간 때우기), 보조 양육자 구하기, 기관 보내기(아이와 떨어지기), 각종 육아 용품을 쇼핑하기, 훈육하기, 가르치기, 아이의 친구 문제에 최소한으로 적절하게 개입하기, 다른 아이와 비교하지 않기, 실패하는 것을 보기, 스스로 하는 것을 기다려주기, 사교육의 마케팅을 헤쳐나가기, 엄마표라는 개미지옥을 빠져나오기…… 내가 10을 상상했다면 최소한 100 정도의 어려움이 있었는데(물론 즐거움과 보람은 그 이상), 내 경우 그중 최고봉, 넘사벽 1위는 '재우기'였다. 사람이 잠을 잘 자는 것이 놀랍고도 감사한 능력이라는 것을 처음으로 깨달았다. 스스로 잠들 수 없다는 것, 잠을 '재워줘야' 한다는 것은 충격적일 정도로 생소한 관념이었다. 인간이란 얼마나 신비로운 동물인지.

소아청소년과 전문의가 쓴 육아 책에서 "신생아는 두 시간 이상 계속해서 깨어 있을 수 없다"라고 분명히 단언하고 있는데, 아이는 태어난 지 일주일 만에도 여섯 시간 동안 눈을 말똥말똥 뜨고 버텼다. 그러다 피곤해지면 다시 잠들기까지 너무 힘들어서 과도한 자극을 모두 울음으로 해소해보겠다는 듯, 한 시간 동안 울기도 했다. 저녁에만 우는 것이 아니라 너무 시도 때도 없이 울어서 '영아산통'에 대한 육아 책의 설명과도 맞아떨어지지 않았다. 아이의 생활 리듬을 규칙적으로 만들기 위해 깨알같이 일지를 쓰면서, 자극도 조절하고, 유축한 모유를 잔뜩 배불리 먹여보기도 하고, 분유를 먹여보기도 하고, 할 수 있는 모든 노력을 했다. 『베이비 위스퍼』 시리즈 등 온갖 육아서를 참고하고, 소아과도 가보고, 한의원도 가보았지만, 납득할 만한 원인과 해결 방안을 찾을 수 없었다.

신생아 시기를 지난 이후에도 밤잠을 재울 때면 한 시간 이상 안고 얼러서 재우거나, 젖을 물려 재우거나, 아니면 차에 태워 30분 이상을 돌아야 잠이 들었다. 물론 안고 어르는 경우에도 앉거나 가만히 서 있으면 안 되고, 무릎을 20도 이상 굽혔다 폈다 하는 동시에 자장가 열 곡 정도를 무한 반복해야 했다. 스윙, 포대기, 아기띠, 힙시트, 처네는 물론, 배 속에서 백색소음이 흘러나오는 양 인형, 백색소음 어플까지 온갖 종류의 육아용품들을 다 구입해서 조금의 도움이라도 기꺼이 받았다.

참담했던 이른바 '수면교육'의 시도와 실패에 대해서는 한마디도 하고 싶지 않다. 다만 그 과정에서 내가 전 세계에서, 인류 역사상 가장 육아를 못하는 사람이 아닐까 하는 좌절감만 깊어졌다는 점을 짚어둔다.

혹시라도 이 장에서 '잠 못 자는 아이를 잘 재우는 법' 같은 요령을 기대한 분들이 있었다면, 죄송하다. 그런 것은 끝내 터득하지 못했다. 나는 그냥 내 방식대로 생존했을 뿐이다. 하지만 그 덕분에 나는 이 고통스럽지만 신비로운 인간의 수면에 대해 누구보다 절실하게 사유하기 시작했다.

우리는 매일 아침
죽 음 에 서
깨 어 난 다

'잠'에 대해서 사유한 수많은 철학자들에 대해 나는 이미 얼핏 배운 바 있었다. 하지만 그것은 지극히 추상적인 관심이었다. 가령 아이를 낳고 나서야, 마르셀 프루스트의 『잃어버린 시간을 찾아서』의 상당 부분을 차지하는 잠과 꿈에 대한 문장들이, 이전 어느 때보다도 절절하게 이해되기 시작했다. 예민한 소년이었던 마르셀이 유난히 밤에 혼자 잠드는 것을 불안해했던 장면, 특히 손님들이 모여 엄마가 잠자리 키스를 해주지 않은 날이면 더더욱 침울하게 외롭고 긴 밤을 보내야 했던 장면, 등불이 벽에 어지러운 무늬를 그리며 무서운 꿈과 뒤섞이던 장면에 대해 작가가 왜 그렇게 긴 페이지를 할애할 수밖에 없었는지에 대한 20년 묵은 의

아함이 그제야 해소되었다. 또 의식을 가능하게 한다는 점에 주목해서 잠을 "안의 섬"이라고 불렀던 하이데거나, 잠, 출산, 공부 등이 '자아'에게서 벗어나게 하는 활동이라고 통찰한 레비나스의 타자론 같은 것이 추상적인 재미를 넘어서, 아이라는 암호를 이해하는 데에 귀중한 열쇠가 된 것이다.

잠은 인간에게 근본적으로 두려운 일일 수 있다. 우리는 잠이 들고 잠에서 깨어나면서 기억을 형성하고 의식을 형성하고 '나'라는 범위를 자각한다. 정체성이 형성되기 전까지, 나와 나 아닌 것의 구분이 분명해지기까지의 과정은 실은 대단히 지난한 연습으로 이루어져 있다. 우리가 일상적으로 하고 있는 숟가락질, 배변 조절조차 끝없는 실패를 통해 얻어진 습관이라는 것을 상기해보자.(실은 이것도 육아를 통해 깨닫게 된 사실이다.)

아직 연습이 부족해 내일 다시 깨어나 이 세계로 돌아올지 확신할 수 없는 존재에게 잠은 충분히 두려운 일일 수 있다. 매일 아침은 우리가 우리 자신이 되는 기적 같은 순간이다. 그래서 다이앤 애커먼은 『새벽의 인문학』(반비, 2015)에서 "우리는 매일 아침 죽음에서 깨어난다"라고 했다.

새벽에는 여러 의미가 있지만, 재탄생, 새로운 출발이라는 핵심적인 뜻은 변하지 않는다. 새벽을 맞는 와중에도 익숙한 일상과 근심 걱정이 몰려들며 자기 좀 보라고 떠들긴 하지만. 깨어나는 동안 우리는 몽롱한 상태와 명료(이 말에도 빛 [朙]이 들어 있다)한 상태를 오간다. 아침마다 이 문턱을 넘으면서, 우리는 세상 사이를 넘나든다. 정신의 절반은 안을 향해 있고 나머지 절반은 점점 밖으로 하며 깨어난다.

그럼에도 세상에서
가장 아름다운 건
잠든 아이 얼굴

예민한 선배들의 사유와 기록에 힘입어 그 힘든 시기를 어떻
게든 버텨낼 수 있었다. 때때로 우리 삶에서 실용적인 조언보다 이
런 무용해 보이는 통찰이 필요한 순간이 있다. 정면으로 돌파해
서 해결할 수 없는 문제를 만날 때 주로 그렇다. 그냥 그 시간을
버텨내야 하는 경우가 그렇다. 민담과 동화에서 어떤 인물이 (논
리적으로 납득 불가능하다는 의미에서 불공평한) 어려움을 맞닥뜨릴 때
아무것도 하지 않고 울면서 앉아 있으면 작은 동물들이 와서 도
움을 주는 것과 같은 종류의 장면들이다. 그 젠더 역학의 불편함
이 조금 걸리긴 했지만, 이제는 그것이 보편적인 인간의 조건에
관한 묘사라는 사실을 받아들이려고 한다.

이 딜레마를 해결하는 최선책은 모든 것을 멈추고 가만히 있는 것이다. 고요함이 필요하다. 프시케가 시도하는 것이 바로 아무것도 하지 않고 멈추는 것이었다. 일단 자살하고 싶은 충동을 극복한 다음 프시케는 조용히 앉아 있었다. 만일 자신의 꾀에 넘어갔거나 누군가 자신의 궤도를 완전히 부서버린다면 그저 멈추어 서라. 조용히 멈추는 것이 최선이다. 그러나 젊은이들은 이렇게 하기가 어렵다. 그들에게는 불가능한 일이다.(『신화로 읽는 여성성 She』, 로버트 A. 존슨, 동인출판사, 2006, 72쪽)

자장가의 파토스도 이와 비슷하다. 할 수 있는 모든 노력을 해도 아이를 재울 수 없을 때 나는 마치 프시케처럼 홀로 막막해할 수밖에 없었는데, 그때 자장가는 마치 작은 두꺼비들, 작은 새들, 작은 쥐들, 작은 개미들이 주인공을 돕듯이 우리를 도와주었다. 자장가라는 장르가 지닌 묘한 슬픔이 밤하늘처럼 캄캄한 육아의 고비 고비를 달빛처럼 비춰주고 응원해주는 듯했다.

엄마가 섬 그늘에 굴 따러 가면
아이가 혼자 남아 집을 보다가
바다가 들려주는 자장노래에
팔 베고 스르르르 잠이 듭니다

아기는 곤히 잠을 자고 있지만
갈매기 울음소리 맘이 설레어
다 못 찬 굴 바구니 머리에 이고
엄마는 모랫길을 달려옵니다

가장 많이 알려진 자장가 중 하나인 〈섬집 아기〉의 가사다. 노래 전반의 미스터리와 불확실성 속에서도 2절 가사는 특히 일하는 부모에게 너무나 정확한 위로를 해준다. 갈매기 울음소리에 마음이 설렌다는 대목도 그렇고, 굴 바구니가 다 못 찬 것도 그렇고, 그냥 길이 아닌 모랫길을 달려온다는 것도 그렇다. 1절이 아이의 성장에 관한 묘사라면, 2절은 양육자의 성장에 관한 묘사다. 노래 한 곡이 양육의 종합적인 구조를 담고 있는 것이다.

마지막으로 꼭 덧붙여야 할 말은, 그럼에도, 잠든 아기의 얼굴은 이 세상에서 내가 본 가장 아름다운 장면이라는 사실이다. 아이의 잠든 얼굴은, 지상에 속한 것이 아니라 천상에 속한 어떤 것이다. 잠든 아이의 얼굴을 오랫동안 들여다보는 것은 육아의 즐거움 가운데 가장 머리쪽, 가장 오르막길에 있는 종류의 즐거움이다. 육아에는 이와 정반대 방향에서의 즐거움도 많이 있지만, 어쨌거나 이것이 가장 황홀한 종류의 즐거움이라는 것은 부인할수 없으리라.

때때로 우리 삶에서 실용적인 조언보다
무용해 보이는 통찰이 필요한 순간이 있다.
정면으로 돌파해서 해결할 수 없는
문제를 만날 때 주로 그렇다.

그냥 그 시간을 버텨내야 하는 순간.

6

엄마의
불면

여자들에게는 헌신적으로 해야 할 일들이 너무 많다. 그래서 수면이 우선순위에서 점점 뒤로 밀리게 된다. 그들 또한 잠을 우선시해야 한다는 것을 모르지 않는다. 하지만 당신도 알다시피, 여자들은 해야 할 일로 인해 잠을 마지막으로 미룰 수밖에 없다. 이것이 바로 악순환의 시작이다.

이러한 과로의 시대에 여성들은 특히 불리한 위치에 서 있을 수밖에 없다. 여성들은 승진 사다리를 열심히 올라가 유리천장을 깨뜨리기 위해 더 열심히 일하면서 흔히 잠을 제일 먼저 포기하게 된다.(36쪽)

_아리아나 허핑턴, 『수면 혁명』(민음사, 2016) 중에서

임 신 , 출 산 , 양 육
그   리   고
여 성 의   수 면

아이를 재우는 것에 대해서 많은 이야기를 했으니, 이제 엄마의 잠에 대해서도 이야기를 좀 해보고 싶다. 이미 밝혔다시피, 나는 아이를 낳고 '잠'과 관련된 다양한 경험을 하게 되었고, 자연스럽게 '잠'에 대해 격렬한 감정을 갖게 되었다. '임신'과 '출산'과 '양육'의 시기를 통과하면서 그 어느 때보다 '잠'과 복잡하고 짙은 관계를 맺게 된 것이다. 그래서 자연스럽게 잠에 대해 관심을 갖고 더 많이 생각해보게 되었다. 물론 이 모든 과정이 여전히 진행 중이고, 또 '잠'이라는 것이 워낙 접근하기가 쉽지 않은 방대한 주제여서 명료하게 정리하기는 어려울 것이다. 다만 임신, 출산, 양육과 여성의 수면 사이에 대단히 밀접한 관계가 있다는 사실

만은 확실하니, 내 경우에 구체적으로 그 관계가 어땠는지를 기술해보고자 한다.

원래 나는 '믿을 것이 체력밖에 없다'는 모토로 살아온 사람이다. 집중력이나 지구력이 떨어지니, 남들 잘 시간에 놀이든 공부든 일이든 하면 된다고 생각하며 살았다. 실제로 20대에는 이틀 밤을 꼬박 새고도 셋째 날 밤에 아르바이트를 하는 진기한 재주를 보이기도 했고, 직장을 다니면서부터는 낮에 못한 일을 밤에 보충하는 나쁜 습관에 젖기도 했다.

그러다 임신기에 변화를 겪었다. 카페인을 끊고 먹는 것에 신경을 쓰고 많이 걸으면서 잠이 늘었다. 잠자는 것을 중요한 과제로 생각하게 되었고 할 일을 미뤄두고 자는 데 난생 처음으로 거리낌이 없어졌다. 휴일에는 낮잠도 많이 잤다. 물론 임신 중에도 막막한 기분에 밤잠을 설치는 날들도 있었다. 이전에도 불안해서 잠이 안 오는 일은 많이 겪어보았지만, 임신기부터 시작된 이 막막함은 또 새로운 것이었다. 특히 임신 말기에는 너무 열심히 잠을 자려고 노력하는 것조차 지겨워져서, 미드/영드 하룻밤 한 시즌을 목표로 밤새 달린 적도 많다.(태교와 가장 거리가 멀어 보이는 〈배틀스타 갈락티카〉라든가 〈웨스트 윙〉 같은 정치 드라마를 보았다.)

출산 이후에는 더욱더 드라마틱한 변화를 겪었는데, 우선 아기가 신생아이던 시절에는 극심한 수면 부족으로 괴로웠다. 아이의 수면 패턴을 공유하느라 그런 것도 있지만, 예민한 신생아 육아의 난이도가 상상을 초월한 데 정신적인 충격을 받아 잠을 못 이룬 면도 있다. 설상가상으로 수유를 하려면 산모가 잠을 충분히 자야 한다고 해서 5분, 10분이라도 눈을 붙이려고 애쓰던 시절이었다. 밤샘 촬영 중에 좋은 신체 컨디션을 유지하기 위해 쪽잠을 사수하는 배우들의 심경이 이런 것일까 짐작해보았다. "통잠을 딱 세 시간만 자면 좋겠다" 같은 문장이 육아일지에 주문처럼 반복되어 나타나던 시기이기도 하다.(졸면서 써서 그럴지도 모른다.) 수유를 하는 2년 동안에도 역시 카페인을 제한했기 때문에 이전보다 더 많이 졸렸고, 그만큼 더 힘들었다.

수 면 에   대 한
이   중   적   인
태   도

처음 수면 부족 문제를 맞닥뜨렸을 때 나는 '이렇게 부당할 정도
로 황당한 환경이라니, 아예 안 자버리고 말겠어!'라는 반항적인
태도를 취했다. 하지만 철없는 반항은 오래가지 않았다. 나는 곧
상황에 겸손히 굴복하고 적응할 방식을 찾기 시작했다. 여러 육
아 책에서 "아기가 잘 때 해야 할(하고 싶은) 일들이 많이 떠오르겠
지만 밤에도 계속되는 육아에 적응하려면 일을 포기하고 아기와
같이 자라"라고 조언했다. 수유나 초기 양육에 관해 많은 도움을
주셨던 통곡마사지 선생님은 짬이 날 때마다 5분 동안 눈을 감고
자는 척하는 것이 피로 회복에 큰 도움이 된다고 알려주셨다. 잠
이 오지 않더라도 그냥 눈을 감고 휴식을 취하는 연습을 하라는

것이다. '자야 해, 자야 해, 자야 해!' 하면서 잠이 안 와 불안한 마음에 더더욱 잠을 못 자던 상황에서 이런 시도는 처음엔 절망적이고 우스꽝스럽게 여겨졌다. 하지만 연습은 확실히 효과가 있었다.

백일의 기적이라는 말이 무색하게 아이는 두 돌이 될 때까지 밤에 다섯 번 이상 깨는 수면 패턴을 유지했지만, 나는 아이와 함께 잠들었다 깼다 생각에 잠겼다 다시 잠들었다를 반복하면서도 이런 짧은 휴식의 연습을 통해 어느 정도 체력을 유지할 수 있었다. 이쯤 되면 합리적인 사람들은 다음과 같은 의혹을 제기하고 싶을 것이다. '부부가 번갈아가며 밤중에 아이를 보면 돌아가며 세 시간은 잘 수 있지 않나?' 좋은 지적이다. 하지만 모유 수유를 선택하는 순간 이런 합리적인 상황은 선택지에서 제외된다. '밤에만 분유를 먹이면 되잖아?' 역시 이런 합리적인 의문이 뒤를 이을 수 있다. 하지만 아기는 그런 합리성을 따르지 않는다. 사실 생각해보면 세상의 모든 중요한 일은 합리성을 따라 진행되지 않는다. 밤중에 분유를 먹이려고 애써보고 밤중 수유를 끊으려고 애써보았지만, 나는 계속 실패했고, 계속 아기와 같이 깨야 했다.

지나고 나서 깨달은 것인데, 이 시기에 팔리 모왓 아저씨가 『울지 않는 늑대』(돌베개, 2003)에 기록한 수면에 관한 통찰이 종종 떠오르곤 했다.

이틀 밤낮을 거의 연속으로 관찰하고 나니 내 인내심이 거의 한계에 도달했다. 그것은 아주 난감한 상황이었다. 나는 중대한 무언가를 놓칠까 봐 눈을 붙일 수가 없었던 것이다. (…) 적절한 방안을 찾지 못하다가, 수컷 한 마리가 굴 가까이 낮은 언덕에서 편안히 졸고 있는 모습을 보고서 내 문제를 해결할 실마리를 발견했다. 늑대처럼 토막잠을 자는 법을 배우면 되는 일이었다.

요령을 깨우치는 데는 시간이 조금 걸렸다. 눈을 감았다가 5분 후에 다시 깨어나는 실험을 해보았는데, 되지가 않았다. 처음 두세 번 선잠을 자다가 결국 깨어나지 못하고 내리 몇 시간을 자버렸던 것이다.

내가 실패한 것은 내가 늑대의 행동을 모두 흉내 내지는 못했기 때문이다. 결국 알아낸 사실은, 먼저 몸을 동그랗게 만 다음 토막잠을 깰 때마다 빙글빙글 도는 것이 성공의 관건이라는 것이었다. 그것이 왜 그런지는 나도 모른다. 아마 몸의 위치를 바꾸어서 순환 촉진에 도움이 되었는지도 모른다. 대신 내가 '확실히' 아는 것은, 잘 조절한 일련의 늑대 잠이 휴식 문제에 대한 인간의 해답인 7~8시간짜리 무의식 상태의 코마보다는 훨씬 더 상쾌하다는 점이다.

불행히도 늑대 잠은 우리 인간 사회에서는 쉽게 잘 적용이 되지 않는다. 내가 문명으로 되돌아간 당시에 만나던 여성이 헤어지자고 했을 때도 그랬다. 그녀는 치를 떨면서 나와 함께 하룻밤을 더 지내느니 구루병을 앓아서 허리가 굽은 메뚜기와 사는 편이 낫겠다고 했다. (91~92쪽)

인간(현대인)의 수면 관습이 '생물학적인 본질'이기보다는 '역사적인 구성물'이라고 주장하는 이런 이야기는 매우 위안이 되었으며 뭔가 (중심과 다른 역사를 살아가야 하는 이들과의) 동지애, 전우애 같은 것을 선사하기도 했다. 비슷한 이야기가 아리아나 허핑턴의 『수면 혁명』에도 등장한다.

산업화 이전에는 대부분의 문화에서 수면이 지금처럼 한 차례로 이루어지지 않았다. 유사 이래 대체로 밤은 두 차례의 수면기로 나누어져 있었다. 일명 '분할 수면'이다. (…) 수면과 수면 사이에 잠시 깨어 있는 시간이 있었다. 그것은 몇 시간 동안 지속되기도 했다. 하지만 수면과 수면 사이에 깨어 있는 이 시간은 낮에 깨어 있는 시간과는 달랐다. 그것은 값지고 소중한 시간이었다. 메사추세츠대학교의 불면증 전문가 그레그 제이컵스 박사는 이렇게 말했다. "이러한 비연속적인 수면 패턴은 거의 모든 포유류의 특징이자 우리가 인생 초반에, 그리고 말년에 경험하는 패턴이다."(110쪽)

로저 에커치가 쓴 『밤의 문화사』(돌베개, 2008)라는 책에도 비슷한 구절이 나온다. 아리아나 허핑턴도 『밤의 문화사』에서 다양한 문장을 인용하고 있는데, 절묘하게도 나는 『수면 혁명』을 읽기 전에 비슷한 구절들을 떠올리고 있었다.

> 사람들이 두 잠 사이의 고독한 시간에 더 많이 한 일은 명상이었다. 전날 있었던 일을 되짚어보면서 다가오는 새벽을 맞았던 것이다. 특히 번잡한 집에서는 낮이건 밤이건 이때보다 더 정신을 집중할 수 있는 시간도, 사생활이 보장되는 시간도 없었다. 이탈리아의 학자 지롤라모 카르다노는 "침대에서 자지 않고 누워 있을 때 나는 항상 무언가에 대해 깊이 생각했다"라고 말했다. 토머스 제퍼슨은 잠들기 전에 습관적으로 윤리학 서적을 읽고, "두 잠 사이에 그에 대해 곰곰이 생각했다."(402~403쪽)

잠을 희생시키는 사회, 돌봄을 저평가하는 사회

『밤의 문화사』나 『새벽의 인문학』 같은 책들은 이런 현대적이고 부자연스러운 수면 패턴을 '인공 조명'과 연관해서 설명하고 『24/7 잠의 종말』(문학동네, 2014) 같은 책은 한 발 더 나아가 현대 사회와 잠 사이의 갈등과 긴장을 '테크노자본주의'와 '후기자본주의'라는 더 폭넓은 맥락에서 설명하기도 한다. 이런 설명은 극심한 수면 패턴 변화를 겪고 있는 내가 비정상적인(?) 인간인 듯한 불안감을 없애주어서 위로가 되었다. 동시에 현대인의 삶 안에도 다양한 역사적, 문화적 층위가 존재한다는 생각으로 이끌어주어서 고마웠다. 자연스럽게 현대 사회에서 정상적이라고 여겨지는 수면 패턴과 다른 패턴을 가진 사람들에 대한 궁금증도 생겼다.

(평범한 한국 직장인이라는 점에서) 일반적인 패턴으로 살던 사람의 눈에 잘 보이지 않던 것들이 조금씩 모습을 드러내는 것 같았다.

삶과 죽음, 존재와 비존재, 의식과 무의식을 구분하거나 연결하는 잠과 꿈의 역할에 대해 앞에서도 잠깐 언급했지만, 이에 대한 아름다운 설명들은 너무나 많아서 다 언급할 수도, 다 읽을 수도 없을 정도다. 하지만 그런 설명들을 끌어오지 않더라도 많은 사람들이 본능적으로, 혹은 경험으로 느끼고, 알고 있을 것이다. 잠은 우리로 하여금 매일 우리 자신, 그 자체에 대해 생각해보게 만드는 계기가 된다. 그런 점에서 잠과 양육은 비슷한 면이 있는데, 사실 '의식'의 측면에서도 둘의 관계는 매우 밀접해 보인다. 또 양육이 잠에 대해서 더 깊이 생각하게 만들기도 하고, 잠이 양육에 대해서 생각하게 만들기도 한다.

오늘날처럼 성과주의적이고 생산지향적인 사회에서 '잠'은 가장 먼저 희생되는 인간의 (비)활동이기도 하고, 또 취약계층일수록 가장 많이 포기하게 되는 (비)활동이기도 하다. 그리고 바로 그런 점에서 돌봄이나 양육과도 비슷한 처지에 있는 것 같다. 그런데 만일 정말로 잠이 신체적으로뿐만 아니라 정신적으로도 우리의 가장 근본적인 부분과 연결된 활동이라면 그것을 포기하는 사람들은 단순한 시간이 아닌 훨씬 더 중요한 것을 포기하는 것이 아닐까. 돌봄을 희생시키는 사회가 그런 것처럼 잠을 희생시키는 사회는 인간의 존재 자체를 위협하고 있는 것이 아닐까.

아기는,

그리고

세상의 모든 중요한 일은,

결코

합리성을 따르지 않는다.

7

꿈

아　　　이　　　를
낳　　은　　　　뒤
꿈　의　　　변　화

임신, 출산, 육아 이후 수면 패턴만 변한 것이 아니라 수면의 내용
도 달라졌다. 어찌 보면 잠의 형태가 바뀌었기 때문에 잠의 내용
도 바뀌었다고 할 수 있겠다. 사실 요약하기에는 범위가 넓은 변
화인데, 그중 가장 큰 부분은 '꿈'이다.

　잠을 깊이 자지 못해서 그런지, 전에도 나는 꿈을 많이 꾸는
편이었다. 중고등학교 이후로, 특히 성인이 된 뒤로, 내 꿈은 항상
긴장된 현실의 연장선 같았다. 일에 대한 고민, 가까운 사람들과
의 문제 같은 것이 꿈에서 반복되었다. 컨디션이 좋지 않을 때 자
주 꾸었던 꿈은 시험(특히 수학 시험)을 보는 꿈, 시험공부를 할 시
간이 부족해 불안해하는 꿈이었다. 비슷한 맥락에서, 아이를 낳

은 뒤에도 내가 아이를 잘 돌보지 못해서 아이를 힘들게 하는 꿈, 아이를 다치게 하는 꿈 등 리얼리즘 계열의 악몽을 꾸었다. 하지만 여행을 하거나(물론 여행을 앞두고 짐을 못 싸서 스트레스를 받거나 여행지에 중요한 짐을 두고 와서 스트레스 받는 꿈도 꾼다) 어린 시절의 풍경을 만나는 등 좀더 다채로운 꿈을 꾼 적도 많다.

나에게는 이런 변화의 원인과 의미를 분석할 수 있는 능력이 없다. 하지만 이것이 중요하고 큰 변화라는 사실만은 분명히 말할 수 있다. 아니 오히려 이런 꿈의 변화를 중요하다고 인지하고 말하게 된 점이 더 핵심적인 변화가 아닐까 싶기도 하다.

베르나르 베르베르가 불면증에 시달린 경험을 살려서 썼다는 소설 『잠』(열린책들, 2017)은 사실 잠이라기보다는 꿈에 관한 소설이다. 꿈을 삶 안으로 지나치게 끌어들이기는 하지만, 이 소설에는 꿈에 관한 재미있는 아이디어가 다양하게 등장한다.

자크의 두 번째 생일날, 카롤린은 깊이 잠이 든 아들 곁에서 우연히 에드거 앨런 포의 글을 접했다. "낮에 꿈을 꾸는 사람은 밤에만 꿈꾸는 사람에게는 찾아오지 않는 많은 것을 알게 된다. 흐릿한 시야에서 영원의 틈들을 포착한 그는 깨어나는 순간 위대한 비밀의 문턱에 잠시 머물다 왔다는 사실을 깨달으며 전율한다." 이 순간 그녀는 지금까지 알려진 잠의 세계를 확장하겠다는 위대한 계획을 세웠다.(32쪽)

"소설과 시, 그림, 그리고 음악은 너 자신만의 꿈을 요리하기 위해 필요한 최상의 재료들이야. '신선한' 재료들이지." 카롤린이 아들에게 설명했다. "하지만 TV는 정반대라서 보면 안 돼. 패스트푸드와 똑같아서 '씹을 필요도 없는', 지나치게 인공적인 맛이 가미된 꿈밖에 꿀 수 없게 해. 너의 창의력이나 미학적 감각을 자극하는 게 아니라 원초적 감정만 일깨울 뿐이지. 네 꿈속에서는 너 자신만의 영화를 만들어야지 절대 남의 것을 베끼면 안 돼. 이것을 네 꿈의 기본 원칙으로 삼아야 해."(60쪽)

여　성　을
노　리　는
괴　물　들

사실 꿈이 특별히 중요하다고 생각되는 것은, 그것이 현대 사회의 언어로 명료하게 설명될 수 없는 특별한 종류의 긴장을 잘 보여주기 때문일 것이다. 여성들이 가정에서, 사회에서 다양한 정체성을 형성하면서 겪어야만 하는 여러 갈등과 긴장이 꿈에서 더 정확하고 강렬하게 표현될 때가 많다.

　　노장 융 분석가 클라리사 에스테스는 여성들의 원형 심리학을 연구해 『늑대와 함께 달리는 여인들』(이루, 2013)이라는 책을 썼다. 특히 이 책에서는 여성들이 꾸는 괴물이나 악당에 관한 꿈을 많이 다루는데, 이런 꿈들이 악몽이 아니라 경종임을 강조한다. 그런 꿈은 여성을 억압하는 사적이고 공적인 환경이나 시스템에 대한 여성들의 본능적인 반응인 동시에, 한편으로 어떻게 반응해야 할지 알려주기 위한 이미지이기도 하다는 것이다.

여성은 언제 이런 꿈을 꿀까? 깨달음에 이르기 직전, 즉 의식이나 행동이 성숙해지고 강력해질 때다. 지금까지의 생활이 새로운 생각과 행동으로 이어지는 계기, 그것이 바로 깨달음의 본질이다.(89쪽)

여성이 괴한 꿈을 꿀 가능성이 특히 높은 때가 있다. 창조적 열기가 바닥났거나 아무리 노력해도 그 결과가 신통치 않은 때가 그렇다. 이런 상황은 이제 막 활동을 시작한 여성에게는 물론 매우 숙련된 이들에게도 일어날 수 있다. 어떤 경우든 자신이 진정으로 원하는 일을 할 힘이 전혀 없는 때에 괴한 꿈을 꾼다. 이때 꿈은 비록 무섭긴 하지만 악몽은 아니다. 오히려 우리의 창의력을 앗아가는 파괴적인 움직임과 창조 행위에 필요한 여건을 빼앗는 존재를 인식하고 대비하라는 유익한 경고에 가깝다.(91쪽)

나도 이런 꿈을 수십 년간 계속 꿔왔다. 어려서 꾸었던 귀신 꿈이 아직도 기억에 남는다. 놀이터에서 귀신에게 쫓겨 친구와 함께 도망치는데 다리가 묵직해져서 움직이지 않았다. 다행히

꿈의 마지막 부분에 하늘에서부터 너무나 아름다운 빛의 기둥이 내려와서 내 눈 바로 앞에 특별한 기호를 아로새겨주었다. 과정은 고통스럽고 무겁고 진부하겠지만 끝은 아름답고 영롱하리라! 그 시각적인 메시지는 수십 년이 지난 지금도 그 빛깔 그대로 선명하게 나를 위로한다.

또 사춘기를 지나, 끔찍할 정도로 변하지 않는, 공고한 가부장사회에 대한 분노가 절정에 달했을 즈음에는 여자들을 죽이는 연쇄살인범이 계속해서 나왔다. 무해하고 소심해 보이지만 엄청난 공격성을 숨기고 있는 남자였다. 말없이 다른 사람들 이야기에 귀 기울이며, 특히 자기 이야기를 하고 싶어서 안달이 난 젊은 여성들을 타깃으로 삼기를 즐겼다. 최근에는 조금 더 유약해진 평범한 '한국남자' 귀신이 나오기도 하고, 또 어떤 때에는 훨씬 더 세련되고 영리해진, AI 직원들을 거느리는, 검은 셔츠를 입은 남자 보스가 나오기도 한다.

어떤 날은 힘들게 달리고, 달리고, 달려서 귀신에게서 도망칠 때도 있고, 괴물이나 강도를 때려잡을 때도 있다. 심지어 친구들의 도움으로 머리통을 후려쳐서 떨어뜨린 적도 있다. 괴물을 피했는지, 싸워서 이겼는지 결과를 알 수 없는 상태에서 깨는 꿈도 많다. 그러면 잠에서 깨어난 나는 내가 후려쳐야 할 머리통이 무엇인지 곰곰이 생각해보게 되는 것이다.

아 이 가
괴 물 꿈 을
꾸 기 시 작 할 때

아이가 하루에도 열두 번씩 폭풍 성장을 하는 듯한 시기들이 있다. 나는 그중 고작 두어 개의 장면들밖에 목격을 못하지만, 그 두어 장면조차도 나에게는 커다랗고 소중한 것이다. 그나마 방학이나 휴가, 명절 연휴 동안 밤낮으로 아이와 함께할 때가 되면 항상, 아이가 부모인 우리가 생각했던 것보다 훨씬 더 많이 자라 있다는 사실을 그제서야 발견하고 놀라곤 했다. 이전에 보지 못하고 알지 못했던 모습이 불쑥불쑥 올라올 때마다, 감탄하면서도 서운했다. 때로는 아이가 자신의 성장 속도를 따라오지 못하는 부모를 위해서, 조금 더 어릴 적의 모습을 연기해주는 것은 아닌가 하는 느낌이 들 때도 많다.

그렇게 내가 생각하고 느끼는 것보다 훨씬 더 빨리 자라는 중인 딸아이의 꿈에 언젠가부터(6~7세 무렵) 괴물이 등장하기 시작했다. 물론 더 어린 시절에도 낮에 힘든 일이 있으면 밤에 아이가 꿈을 꾸곤 했다. 엘리베이터에 혼자 갇히는 꿈, 뱀이 나오는 꿈, 벌레가 나오는 꿈 등. 하지만 언젠가부터 가끔씩 딸아이의 꿈을 방문하는 괴물은 이전의 캐릭터들과는 조금 다른 존재라는 것을 바로 알 수 있었다. 나뿐만 아니라 많은 딸 엄마들이 이런 순간을 감지할 것이다. 여자아이들이 자아와 세계 사이에 어떤 괴리를 느끼기 시작할 때, 어김없이 괴물이나 악당은 찾아온다. 남자아이로 자라보거나 남자아이를 키워보지 않아서 남자들의 경우는 어떤지 잘 모르겠다. 아마 다르면서도 비슷한 메커니즘이 있을 것이다. 어쨌든 세계와 나 사이의 불일치를 더 크게 느끼는 쪽은 아무래도 여자아이들일 테니, 여자아이들의 이런 꿈은 거의 보편적인 통과의례처럼 여겨지기도 한다. 그래서 『늑대와 함께 달리는 여인들』에서는 여성이 자신을 위협하는 괴물이나 악당이 등장하는 꿈을 꾸지 않고 스물다섯이 되었다면 매우 이상한 일이라고까지 했던 것이다.

사회적인 제약, 사회적인 규율이 자신을 압도하는 것처럼 느껴지기 시작할 때, 내 편이 아닌 큰 힘의 존재를 느낄 때, 괴물이 등장한다. 사실 이런 꿈에 나타나는 괴물은 나의 일부다. 내가 분리되고 떨어져 나와야 할 태반 같은 것이라고 할 수 있을까. 내 편인 줄 알았는데 내 편이 아닌 힘, 나인 줄 알았는데 내가 아닌 세계. 그래서 딸이 괴물이 꿈에 나온다고 했을 때, 나는 한편으로는 납득하고 한편으로는 마음이 시렸다.

물론 아이의 꿈은 나의 꿈과는 다른 장르일 것이다. 내 꿈보다 훨씬 동화책 같은 게 아닐까 짐작한다. 이럴 때 어떻게 해야 할까? 아이의 괴물을 대신 대적해줄 수 없지만 인생 선배로서 조언은 해줄 수 있지 않을까? 나는 먼저 조금 귀엽게 접근했다. 잠자리에 들기 전 꿈속에 나오는 괴물들을 그려보자고 했다. 괴물들을 최대한 알록달록 예쁘게 잘 그린 다음, 괴물들에게 꿈에 나오지 말라고 타이르고, 잘 가라고 인사를 한 뒤, 함께 그림을 찢었다. 그리고 말이 잘 통하는 괴물들이라면 더 이상 꿈에 나오지 않을 거라고 아이를 안심시켰다.

아이는 나무에 걸린 할로윈 유령들과 한눈에 보아도 위협적인 할아버지 몬스터를 그렸다. 간단한 의식(ritual)이 끝나고 잠자리에 든 다음 날 아침, 아이는 일어나자마자 나에게 조용히 항의했다. 그림을 그리니까 밤에 자꾸 생각이 나서 더 무섭고, 어제 꿈에 그 할아버지 몬스터가 또 나왔다는 것이다. 귀여운 상대가 아니었던 것일까? 좀더 강력한 방법을 써야 했던 것일까? "할아버지 몬스터가 너를 불러서 뭐라고 할 것 같아? 너한테 뭔가 할 말이 있나 본데?" 아이와 할아버지 몬스터의 실랑이에 본격적으로 뛰어들 준비를 하고 있는데, 아이가 에둘러 사양한다. "모르겠어,

나중에 얘기해줄게."

결국 나는 또 응원석으로 빠져 나올 수밖에 없다. 하긴 나에겐 나의 악당들이 있으니 우선은 내 괴물들에게 집중하기로 한다. 그 뒤로 아이는 두어 번쯤 더 새롭게 꿈에 등장한 괴물에 대해 이야기했다. 나는 두 팔을 걷고 나서는 대신에, 아이의 꿈속에 아이를 도와줄 사람들이 많이 등장하기를 기도하기로 했다.

괴한 꿈에 나타나는 이 침입자가 왜 우리의 본능과 야성적 지혜를 파괴하려 하는지는 아무도 모른다. 어쩌면 인간의 본성이 그런 건지도 모르겠다. 본능과 진솔함에 대한 파괴적인 태도를 드러내고 자랑하거나 북돋우는 사회에서는 천적의 힘이 더욱 강해지는 경향이 있다. 억제적인 문화에서도 누군가는 '우리 사회가 금시하는 이것의 본질은 무엇일까? 개인, 사회, 지구 그리고 인간성 자체에서 파괴된 요소들은 무엇인가?' 등등 개인과 문화에 도움이 될 만한 질문을 제기할 것이다. 일단 이런 문제들이 제기되면 여성은 각자의 능력과 재능에 따라 그것들을 처리할 수 있게 된다. 이처럼 사회의 문제를 자기 일로 받아들여 진솔하고 열정적으로 처리하는 태도가 바로 야성의 기능이다.(91쪽)

괴한 꿈을 꿀 때는 거기에 대항할 세력이 항상 우리를 도울 태세를 갖추고 있다는 사실을 명심하라. 우리가 천적에 대항하기 위해 야성의 에너지를 모으려 하면 여걸 역시 천적이 세워놓은 울타리나 장애물을 뛰어넘어 우리에게 달려온다. 여걸은 성화처럼 벽에 거는 우상이 아니다. 상황과 장소를 불문하고 우리를 도우러 오는 살아 있는 힘이다. 그것은 아주 오랜 세월, 꿈이나 이야기 혹은 여성의 삶을 통해 천적과 싸워왔다. 여걸은 천적에 대항하는 힘으로서 천적이 있는 곳이면 어디나 나타난다.(94쪽)

여성들이 가정에서, 사회에서,
다양한 정체성을 형성하면서 겪어야만 하는
여러 갈등과 긴장이

꿈에서 더

정확하고

강렬하게 표현될 때가 많다.

8

보조 양육자와
중요한
타자

보 　 　 조
양 육 자 와 의
동 고 동 락

나는 아이를 키우면서 서너 명의 '시터'를 거쳤고, 아이가 기관에 잘 적응하면서 지금은 거의 시터의 도움 없이 공적이고 사적인 기관과 협업하며 아이를 키우고 있다. 초기 양육기에는 낳아놓기만 하고 직접 돌보지 못한다면 그게 부모인가, 이런 일에 전문적인 도움을 받는 것이 과연 자연스러운 일인가 의심하고 고민하기도 했다. 하지만 지금은 보조 양육자들이 없었다면 아예 양육 그 자체가 불가능했겠구나 하는 현실적인 감각이 생겼다. 이들은 아이에게도 나에게도 매우 특별한 존재였다.

　부부가 언론과 출판이라는 슈퍼울트라 노동집약형 업종에 종사하는 열악한 조건이라, 출산휴가 후 복귀를 한 달 정도 앞두고

부터 아이를 돌봐주실 보조 양육자와 함께하는 삶이 시작되었다. 첫 번째 시터는 같이 살면서 아이를 돌봐주실 수 있는 조선족 아주머니였다. 아주머니는 어른들에게는 별로 관심이 없지만 아이에게는 다정한, 정직하고 근면한 분이셨다. 무엇보다 한 시간이고 두 시간이고 안고 흔들고 노래를 불러야 겨우 잠들던 예민한 딸아이를 하루에 두 번씩 재워주시던 인내심 많은 분이었고, 말 못 하는 아이와 눈을 맞추며 소통하는 데 통달한 분이었다. 물론 같이 지내는 동안은 불편함과 아쉬움도 있었다. '저녁 7시면 내가 달려가서 아이 받고 아주머니는 방에 들어가서 쉬는데, 휴가도 많이 내고 쉬게 해드리는데, 왜 매일 힘들다고 하실까? 왜 매일매일 그렇게 오래 씻으시는 걸까? 왜 이렇게 표정이 어두우실까' 등등.(아주머니는 더했으리라는 것도 알고 있다.)

아이와 나 모두 아주머니를 많이 의지했는데, 안타깝게도 6개월 만에 아주머니가 병으로 일을 그만두시게 되었다. 아주머니는 병원에 진료를 받으러 갔다가 증세가 심각해 바로 입원실로 향하셨고, 우리는 얼굴도 보지 못하고 전화로 작별을 했다. 당시 유축한 모유를 젖병에 담아 먹고 있던 딸은 그 뒤로 2~3주 동안 다른 사람들이 주는 젖병을 거부하며 단식투쟁을 벌였다.

당장 휴가를 내기도 어려웠고 임시로 아이를 맡아줄 사람도 없었고, 아이는 마침 낯가림이 가장 극심한 월령이었다. 주변의 소개로 하루 만에 또 다른 분이 오셨다. 아이가 아침 8시부터 저녁 7시까지 11시간을 시터 아주머니와 보내는 나날이 그로부터 2년 가까이 이어졌다. 같이 놀이터도 나가고 한강 산책도 하고 문화센터도 다녔다. 아주머니는 한 시간 반 거리를 매일 출퇴근을 하면서도 폭설이 내린 날 하루를 제외하고는 지각 한 번 하지 않으셨고, 늦어도 괜찮으니 회식도 좀 하고 친구도 좀 만나라고 (유일하게) 나를 챙겨주시던 건강하고 낙천적인 분이셨다. 물론 이번에도 불만과 서운함이 있었다. '왜 아이보다 나와 이야기하는 걸 더 좋아하실까' '왜 이렇게 아이를 못 재우실까' 등등.

여러 제도적 미비점들 때문에 보조 양육자와 아이 엄마들은 어쩔 수 없이 서로를 원망하고 불신할 수밖에 없는 위치에 있는 것 같다. 가장 힘든 사람들이 부대끼면서 서로를 적으로 삼고 물어뜯는 일은 동서고금의 인간 사회에서 쉽게 발견되는 현상이다. 하지만 또 그 와중에 싹트는 기이할 정도로 강력한 공감과 연대감 역시 대단히 보편적인, 인간적 현상이라고 믿는다. 너무 단순한 사례일지는 모르겠지만, 개인적인 관찰에 따르면 전철이나 버스에서 임신부와 어린아이에게 자리를 양보하는 사람들 중에는 건장한 청년보다는 나이 든 할머니들이 많다. 왜 둘째를 낳지 않느냐며 나이를 물어오는 동네 아주머니들, 할머니의 오지랖이 지긋지긋할 때도 있지만, 그런 오지랖이 '돌봄'에 최적화된 성향의 다른 면이라는 생각도 해본다.

아이가 어린이집에 잘 적응하면서 두 번째 시터 아주머니와도 눈물의 이별을 했다. 내가 이렇게 마음이 아픈데, 아이의 의식과 무의식에는 얼마나 강렬한 흔적이 남을까? 앞으로 또 이런 이별을 얼마나 반복하게 될 것인가? 갑자기 살면서 만나고 헤어지는 사람들에 대해 또 근본적인 슬픔이 상기되었다. 특히 처음 딸아이를 돌봐주시던 시터 아주머니가 가실 때, 어릴 적 그렇게 나를 돌봐주던 누군가와 헤어지던 기억이 당황스러울 정도로 생생히 모두 다 되살아났다. 급하게 집에 들려 짐을 싸서 입원실로 가는 중이라는 아주머니의 마지막 전화를 받으면서 사무실에서 10분 동안, 그 어떤 연애의 종결 때보다도 많이 울었다.

아이를 키우다 보면 이렇게 상기되는 것이 무척 많다. 특히 나를 돌봐주던 사람들, 아직 내가 나임을 깨닫기 전에 나와 섞여 있던 사람들, 누가 나인지 타자인지 구분되지 않는 그 모호함 속에서 서서히 나를 발견해가는 시기에, 나를 씻겨주고 먹여주고 재워주던 그 손길들은 아이를 키우면서 재발견하게 되는 가장 근원적인 기억이다. 그 손길들은 우리 마음과 기억의 밑바닥부터 차곡차곡 쌓여서 우리 내면을 형성한다.

그래서 이런 사람들과 헤어지는 것은 나의 일부, 나의 한 조각을 떨어뜨리는 것과 같다. 이것은 사실 만남과 헤어짐을 충분히 연습한 어른에게도 마찬가지이지만, 아이에게는 더 특별한 일이다. 마찬가지로 어린아이를 돌보는 일 역시 자기의 한 조각을 내어주는 일이다. 그 흔적은 아이에게 영원히 남는다.

　아이들은 그런 조각조각들을 의식과 (특히) 무의식에 쌓으며 그것들을 밟고 올라 어른이 된다. 나 역시 그런 조각들과 흔적들로 이루어져 있다는 걸 알고 있다.

제　　　도　　　적
보　　　장　　　의
빈　　　　　　　틈

당연한 일이겠지만, 아이를 낳고 나서 보육 및 교육 분야 정책에 대한 관심이 높아졌다. 개인적으로도 그렇지만, '저출산' '고령화' 이슈와 함께 점점 사회적인 관심도 높아지는 추세다. 보육 정책은 크게 기관, 시설의 증설이나 양육자의 휴직·단축근무 장려책(일하는 여성들의 보육을 지원하는 제도 및 서비스 확대), 그리고 돌봄에 종사하는 교사 및 도우미들의 처우 개선 등 크게 세 분야로 나눌 수 있을 텐데, 전반적인 추세로 보면 반갑게 여길 만한 변화들이 많이 늘어나고 있다.

　　2017년 말의 사례가 하나 유독 기억에 남는다. 청와대 홈페이지에 올라왔던 '육아도우미 제도에 관한 국민청원' 제안이다.✚

2017년 11월 6일에 처음 온라인상에 올라와 한 달 동안 2,015명이 동의한 이 청원 제안문에서 제안자는 1 육아도우미 급여를 제한할 것, 2 육아도우미들의 범죄 이력을 국가가 관리하고 (육아도우미들이 대체로 외국인이라는 가정 아래) 범죄를 저지르는 경우 추방 및 재입국 금지할 것, 3 소개소의 중개료를 제한할 것 등 크게 세 가지를 언급하고 있다. 이 글에서 특히 두 가지 태도가 인상적이었는데 우선 급여 제한, 범죄 기록의 공개 등 부모의 가장 큰 조력자인 돌봄 노동자들에 대해 반인권적, 반헌법적인 조처를 취해달라고 하는 일견 모순적이면서 급진적인 태도였고, 다른 하나는 돌봄 노동자들을 대체로 이방인으로 가정하는 태도였다.

이 두 가지는 사실 연결된 태도일 가능성이 높다. 누군가를 타자화할 때 그에 대한 인간적인 권리나 헌법상의 권리에 대해 더 쉽게 눈감을 수 있을 테니까. 요즈음의 부모들이 이전의 부모들보다 특별히 더 배타적이고 반인권적이어서 이런 사고방식이나 불안을 가지게 된 것일까? 그럴 리는 없다. 그렇다면 1992년 한중 수교 이후 돌봄 노동자로 일하는 이른바 '중국 교포'들이 점점 늘어났기 때문일까? 일정 부분 사실이지만 이런 접촉면의 확산만으로 충분히 설명되지 않는다. 또 이 청원 제안 글에서도 그렇지만 대체로 '시터'들에 대한 적대감이 국적이나 민족이나 인종에 대한 적대감과 뒤섞이는 과정은

♣ 청와대 홈페이지에
올라온 원문 …

그다지 객관적이거나 정확하지 않다. 국적이나 민족이나 인종이라는 범주는 실제보다 과장되어 적용된다. 돌봄 노동자 = 이민족 = 이방인이라는 넓은 관념 같은 것이 생겼다고 봐야 할 듯하다.♣

　　그래서 이런 현상에서 내가 더 관심을 갖는 부분은, 요즈음의 부모들이 갖게 된, 역사적으로 특수한 종류의 불안이다. 아이를 맡기기는 맡겨야 하는데, 맡겨야 할 대상이 나와 같은 종류의 인간이 아니라는 이질감, 존재 자체부터 믿을 수 없을 때의 공포 같은 것. 이 독특한 시대정신, 감정구조를 어떻게 보아야 할까.

　　돌봄 노동자에 대한 불만이나 불평이 실체가 없는 것이라고 말하려는 것은 아니다. 나 역시 보조 양육자들과 함께한 초기 양육기 2~3년 동안 수없이 많은 불만과 불평을 쏟아낸 바 있다.(물론 그보다 훨씬 많은 감사도 쏟아냈지만.) 이는 또 동서고금을 막론하고 고용인과 피고용인이 늘 겪는, 혹은 중차대한 일을 함께해야 하는 서로 다른 사람들이 늘 겪는, 아주 보편적이고도 익숙한 갈등이기도 하다. 하지만 이런 절대적인 불신과 공포는 우리가 살고 있는 시대에 대해서 그것이 표면적으로 드러내는 것보다 더 많은 것을 증언한다. 부모가 자기 아이를 맡기는 대상을 타자화하는 태도는 그래서 더 숙고해볼 필요가 있다.

♣　이러한 인종주의적 관점에 대해서는 육주원의 다음 논문을 참조할 것. 「반다문화 담론의 타자 만들기를 통해 본 다문화-반다문화 담론의 협력적 경쟁관계」, 『한국사회학』 제50집 제4호, 2016. 08, 109~134쪽

일 대 일 관 계 의
중 요 성 은
허 구 가 아 니 다

조금 다른 측면에서 2017년 11월 화제를 모았던 또 다른 기사가 떠오른다. 속칭 '3세 신화'를 반박하는 연구를 소개하는 NHK발 기사였다. 스가하라 마스미 오차노미즈여대 교수가 일본인 모자 269쌍에 대해 12년간의 추적연구 끝에 영국의 정신의학자 존 볼비가 1950년대에 주장한 '애착 이론'을 반박하는 연구결과를 발표했다는 내용이다.♣ 기사에서는 엄마의 취업과 아이의 문제행동에 아무런 연관성

이 발견되지 않는다고 밝히고 있다. "세 살까지 아이는 엄마

♣ 「"세 살까지는 엄마가 키워야 한다"?…'3세 신화' 근거 없다 : 미·일 연구서 "문제행동과 모자 관계 관련성 확인 안 돼"」…

가 키우는 것이 좋다"라는 근거도 미약한 '3세 신화'가 일하는 엄마들에게 불안과 죄책감을 심어주어 오히려 양육을 방해한다는 사실을 경험으로 너무나 잘 알고 있다.

하지만 때로는 이런 이야기가 전혀 다른 의미로 오해되기도 하는 것이 안타깝다. 스가하라 마스미의 워딩을 직접 따오자면 "아이가 세 살 미만일 때 엄마가 일하더라도 문제행동과 모자 관계와의 관련성은 확인되지 않았다"라는 것으로, 유년기의 일대일 관계가 중요하지 않다고 한 것이 아니다.♣ 시대 변화를 적절하게 반영하는 이런 연구들 덕분에 우리가 양육자를 엄마에 한정하지 않고 더 넓은 관점에서 생각할 수 있게 된 것은 다행이지만, 이런 고마운 연구들이 초기 양육의 질을 떨어뜨려도 된다는 논지나 또는 초기 양육의 질을 높이려는 많은 엄마(할머니, 시터, 아주머니, 이모 등)들의 노고를 저평가하는 논지로 활용되지 않기를 바란다.

아이가 태어나서 처음으로 '자기'에 대한 개념을 획득하기까지 중요한 '타자'가 꼭 생물학적인 엄마일 리 없다. 하지만 아이는 누군가 한 명의 타자와 깊이 마주해야 한다. 양질의 일대일 상호작용은 초기 양육기의 가장 중요한 프로그램이다. 그 누구도 이 단계를 건너뛸 수는 없고 건너뛰어서도 안 된다.

♣ 오히려 스가하라 마스미는 "볼비 보고서가 모자 관계의 중요성을 강조한 것으로 엄마의 취업을 부정한 것이 아니었는데도 엄마가 '집에' 없으면 좋지 않다는 한쪽 측면만 강조되고 말았다"라고 언급했다고 하니, 연구의 취지를 더 정확히 알 수 있다.

사실 이런 깊은 상호작용은 모든 인간의 삶에서 핵심적이고, 부모와 아이 사이는 그 수많은 과정 중 가장 초기에 이루어지는 하나라고 해야 옳을 것이다. 철학자 마르틴 부버가 『나와 너』(문예출판사, 2001)라는 책에서 오늘날 사물화되는 관계에 대해 경계하며 강조하는 '만남'이야말로 이 상호작용의 의미에 대한 가장 기초가 될 것이다.

> 제멋대로 사는 사람은 믿지 않으며 만나지 않는다. 그는 맺어짐을 모르며 오직 밖에 있는 열에 들뜬 세계와 그것을 이용하려는 자기의 열병 같은 욕망밖에는 모른다. (…) 이 같은 사람이 '너'라는 말을 한다면 그것은 '너, 내가 이용할 수 있는 것이여'라는 뜻이다. 그리고 그가 그의 운명이라고 부르는 것은 그의 이용 능력을 꾸미고 신성화한 것에 지나지 않는다. 실상 그에게는 운명이란 없으며, 여러 가지 사물이나 충동에 의하여 규정지어져 있을 뿐이며, 그것을 그는 독재적인 감정으로써, 즉 마음 내키는 대로 수행하는 것이다. 그에게는 큰 의지가 없고 오직 자의가 있을 뿐이며, 그 자의를 의지 대신 내보이고 있는 것이다. 이러한 사람은 혹 입으로는 희생을 말할지 몰라도 자기를 희생할 힘이 전혀 없다." (80쪽)

아이들은 누구나 섬세한 돌봄과 관심을 받을 자격이 있다. 그리고 거의 기억을 못 하겠지만, 우리 자신도 대체로는 이런 섬세한 돌봄을 받아왔을 가능성이 높다. 늘 아이의 주변에 있으면서 필요할 때마다 따뜻하게 안아주는 품, 그리고 따뜻하게 반응하는 시선과 목소리는 초기 3년, 아니 그 이상까지도 매우 의미 있고 가치 있다. 생물학적인 엄마이건, 아빠이건, 다른 전문 양육자이건 누군가의 보살핌 없이 사람이 형성되지 않는다는 사실을 사회적으로 공유하는 것이 더 시급한 일로 여겨진다.

아이는 앞으로 얼마나 많은 이별을 반복하게 될까?

갑자기 살면서 만나고 헤어지는 사람들에 대해
근본적인 슬픔이 상기되었다.
어릴 적 나를 돌봐주던 누군가와 헤어지던 기억이
당황스러울 정도로 생생히 되살아났다.

아이를 키우다 보면 상기되는 기억이 무척 많다.
특히 나를 돌봐주던 사람들,
누가 나인지 타자인지 구분되지 않는 그 모호함 속에서
서서히 나를 발견해가는 시기에
나를 씻겨주고 먹여주고 재워주던 그 손길들은
아이를 키우면서 재발견하게 되는 근원적인 기억이다.

어린아이를 돌보는 일은
자기의 한 조각을 내어주는 일이다.

그 흔적은 아이에게 영원히 남는다.
아이들은 그런 조각조각들을
의식과 무의식에 쌓으며 그것들을 밟고 올라 어른이 된다.

나 역시 그런
조각들과 흔적들로 이루어져 있다.

9

내 안의
양육자

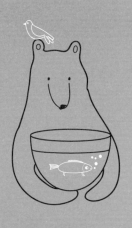

양 육 자 의
빈 틈 은
어떻게 메워지는가

한 아이가 자라서 어른이 되기까지 낳아준 부모 외에도 손과 다리와 어깨와 가슴을 빌려주는 어른들을 많이 만나게 된다. 전통적으로는 할머니, 할아버지, 이모, 고모, 삼촌, 터울이 큰 형제자매부터 전문적인 보조 양육자, 기관에서 아이들을 돌봐주는 선생님 등등, 아이는 여러 어른들의 보살핌을 받으며 자란다. 이렇듯 돌봄의 생태계가 제대로 작동할 때, 부모의 불완전함과 부족함에도 불구하고 아이들은 잘 자란다.

불완전한 것은 인간의 조건이니 논외로 하고, 인격적으로 미성숙한 부모는 어떨까? 우리는 주변에서 (그리고 나에게서도) 부족하고 미성숙한 부모를 종종 본다. 그리고 부모가 부재한 경우도

본다. 그렇지만 그런 조건에서도 아이들은 대체로 성숙한 존재로 자라며, 단단하고 풍요로운 인격을 형성한다.

비슷한 의미에서 서형숙 '엄마학교' 교장은 "부모, 마을, 학교 중에서 하나만 제대로 되어 있다면 아이들은 절대로 삐뚤어지지 않는다"라고 쓴 바 있다. 깊이 공감하면서 조금 첨언하자면, 마을이나 학교가 장치로서 '제대로' 작동한다기보다 그 안에서 아이들이 만나는 '사람'이 '제대로' 작동할 때라고 해야 할 것 같다. 마을이나 학교라고 하면 우리는 어떤 기관이나 장치를 상상하게 되는데, 사실 아이를 돌보고 키우는 것은 그런 시스템, 기계, 기관, 장치가 아니라 '사람'이기 때문이다. 앞에서도 언급한 '나와 너'의 '인격적인 만남' 같은 것 말이다. 돌봄이 제대로 작동하려면 제도적 개선보다 문화적 각성이 필요하다고 생각하는 것도 이 때문이다. 아이들을 돌보고 키우는 것은 인격적인 일대일 만남이지, 기능적인 대면이나 접촉, 접속이 아니다.

오늘날 많은 엄마들이 느끼는 어려움 가운데 중요하면서도 자주 간과되는 어떤 지점에 대해 생각해본다. 언뜻 이해하기 어려울 정도로 고조된 부담감과 두려움 말이다. 아이들을 돌보고 키우는 막중한 책임과 부담이 최종적으로 엄마들 자신에게 있다는 감각이 그 어느 때보다도 강한데, 이것을 이 시대 엄마들의 과대망상이나 피해의식으로 치부하기는 어려울 것 같다. 사람과 사람의 전인격적인 만남이 점점 더 어려워지는 사회에서 그 부족분을 채워줘야 할 압력은 부모, 그중에서도 엄마 쪽으로 향한다. 그래서 요즈음의 엄마들은 그 어떤 시절의 엄마들보다 더 부담감과, 죄책감과, 완벽해져야 한다는 강박에 시달리게 되는 것이 아닐까. 오늘날의 엄마들이 그 어느 때보다도 양육을 보조해주는 다양한 이들을 타자화하고 불신하는 풍조 역시 이런 맥락에서 볼 때 더 정확히 이해할 수 있지 않을까.

그 어느 때보다도 강력해진, 좋은 엄마가 되려는 노력의 부작용, 좋은 엄마가 되지 못한 것 같다는 자책을 해결하기 위해서는 여러 방향에서의 노력이 필요할 듯하다. 하나는 불완전한 부모나 양육자가 아이를 망치는 것은 매우 어렵다는 사실을 환기하는 것. 또 하나는 돌봄 생태계를 작동하게 만들고 강화하는 것, 그리고 더 근본적으로는 모든 종류의 만남을 비인격적이고 집단적이고 계산적인 거래로 바꾸어버리고자 하는 시대의 흐름을 어디서든 어떻게든 끊어내기 시작하는 것.

나 다 움 을
만 들 어 내 는
원 동 력

흔히 "신이 모든 곳에 있을 수 없어서 엄마를 만들었다"라는 말을
한다. 많은 사람들이 공감하고 수긍하는 눈치다. 하지만 그 말을
접할 때마다 미묘한 위화감이 공감을 방해했다. 오랫동안 머릿
속에서 그 말을 굴리면서 생각해본 끝에 오히려 원래는 그 반대
가 맞지 않은가 하는 결론에 도달했다. "부모가 완벽할 수 없어서
인간이 신을 만들었다."✚ 물론 엎어치나 메치나 비슷한 뜻이기
는 하다. 여기서 '신'을 어떻게 설명해야 할지 조금 난감한데, 마
을과 학교와 사회, 문화를 모두 포괄하는 넓은 개념이라고 해두
자. 혹은 그 모든 인간적인 노력을 다 합해도 생길 수밖에 없는 어
떤 빈틈인지도 모르겠다.

놀랍게도, 아이들은 다양한 방해 요소에도 불구하고 정신적으로 인격적으로 성장한다. 항상 '나'를 지켜보고 항상 '나'를 이해하는 어떤 힘, 관심, 시선이나 손길, 어떤 존재를, 아이들은 스스로 창조해낼 수 있는 존재인 것 같다. 아이들이 부모가 만든 존재가 아니라 신이 만든 존재라는 것을 이런 장면에서 확신하곤 한다. 바로 이곳이 예술과 종교 같은 형이상학이 시작되는 지점이 아닌가, 라고도 생각한다. 부족한 능력이나 자원 아래서도 계속해서 '나'의 '나다움'을 발견하고 만들어갈 수 있는 힘, 어떤 사람의 정체성을 형성하는 힘의 근원도 바로 그런 데서 기인하리라.

알고 보면, 모든 인간이 자기 마음속에 자신만의 특별한 부모, 양육자의 상을 지니고 있다. 현실의 부모가 부재하거나, 부모와 아이가 너무 달라서 서로 이해하기 어렵거나, 부모가 정신적, 정서적 자원이 부족해 아이를 양육하기 어려운 상황에서도, 아이들은 자신들 내면의 양육자 상을 통해 에너지를 보충한다. 그 양육자 상이 주로 '모성'의 이미지인 것은 기술적이고도 역사적인 한계 때문일 수도 있겠다. 그것은 '모성'의 이미지도, '부성'의 이미지도 될 수 있고 그보다 훨씬 더 기상천외하고 다양한 이미지가 될 수도 있을 것이다.

♣ 이 말이 지나치게 불손하게 느껴지는 분들을 위해서, '만든다'는 것이 없는 것을 있게 하는 신적인 능력이 아니라 있는 것을 알아차릴 수 있는 인간적인 능력이라는 의미로 쓴 것임을 밝혀둔다.

내 마음속 양육자 상에 대한 이야기로 마무리를 해보겠다. 내 마음속 양육자의 이미지 역시 '어머니'(혹은 '할머니')들의 이미지이다. 이 이미지들이 어떻게 생겨났는지는 잘 모르겠다. 수많은 이야기들, 그림들, 꿈들, 전설들, 문화 속을 떠돌다가 걸려든 것일까. 그 이미지는 때로는 북부 독일 혹은 러시아 변방의 척박한 시골의 씩씩한 농부 아주머니의 모습으로 나타나기도 하고, 때로는 뺨이 푹 꺼지고 무섭게 생긴 삼신할머니 같은 전통적인 이미지로 나타나기도 하고, 때로는 단호한 인상의 단골 식당 사장님 같은 현대적인 모습으로 나타나기도 한다.

이들의 공통점은 우선 무척 생활력이 강하다는 것이고, 그런 삶의 이력을 통해 다져진 듯한, 거칠고 강한 인상을 지녔다는 것이다. 이들은 내가 중요한 무엇인가를 깨닫도록 도와주기도 하고, 또 나를 좋은 곳으로 데려가주기도 하고, 내가 곤란한 상황에 처했을 때 의외의 선물을 주기도 한다.

나는 이들이 거친 겉모습과 달리 대단히 반짝이는 영혼을 지닌 존재라는 것을 잘 알고 있다. 이들은 정신의 그릇이 크고 깊은 존재들이어서, 인간과 세계에 대해 놀라운 통찰력을 발휘한다. 나는 이들에게 정서적으로 의지하고, 이들을 정신적으로 신뢰한다. 이들은 내가 나다운 것이 무엇인지 고민할 때마다 힘을 불어넣어주는 존재이고, 그러므로 내가 양육을 하는 데 있어서도 영향을 줄 수밖에 없는 존재이기도 하다.

　내 딸은 이들의 존재를 어떻게 감지하고 있을까? 그리고 무엇
보다 내 딸은 또 어떤 상을 만들어낼까? 매우 궁금하다.

한 아이가 자라서 어른이 되기까지
낳아준 부모 외에도
손과 다리와 어깨와 가슴을 빌려주는
많은 어른들을 만나게 된다.

아이는 여러 어른들의 보살핌을 받으며 자란다.

**'돌봄의 생태계'가 제대로 작동할 때,
부모의 불완전함과 부족함에도 불구하고
아이들은 잘 자란다.**

모든 인간은 자기 마음속에 자신만의 특별한 부모, 양육자의 상을
지니고 있다. 현실의 부모가 부재하거나, 부모와 아이가 너무 달
라서 서로 이해하기 어렵거나, 부모가 정신적, 정서적 자원이 부
족해 아이를 양육하기 어려운 상황에서도, 아이들은 내면의 양육
자 상을 통해 에너지를 보충한다.

그것은 '모성'의 이미지도, '부성'의 이미지도 될 수 있고 그보다 훨
씬 더 기상천외하고 다양한 이미지가 될 수도 있을 것이다.

10

돌보는
남자들

많 이　　해 서
잘 하 나 , 　잘 해 서
많 이　　하 나

남편이 생계부양자(wage-earner)로서 가족을 부양하고, 아내가 아이들을 돌보고 집안일을 도맡아하는 전통적인 가족 형태가 무너진 오늘날, 여성들은 일을 통해 자아를 실현할 기회를 누리게 되었다기보다는, 두 배의 역할과 책임을 짊어지게 된 측면이 크다. 여느 해와 다름없는 2016년의 통계에 의하면 맞벌이 부부가 각기 집안일을 하는 시간은 남성이 하루 평균 40분, 여성이 하루 평균 3시간 14분이다. OECD 평균 남성의 가사 및 육아 담당 시간은 2시간 19분이라고 한다. 흥미롭게도 한국 외벌이 가정의 남성이 가사 및 육아를 담당하는 시간은 49분이라고 한다.(이에 대해서도 할 말이 많지만 다음 기회를 노려보겠다.)

왜 남성들은 여성들만큼 가사와 육아를 담당하지 않는가? 우선 구조적인 문제로 남성과 여성 간의 임금 차별 문제를 꼽을 수 있겠다. 또 몇 가지 숫자를 짚어보자면, 2016년 기준 여성의 경제활동 참가율은 52.1%, 남성의 참가율은 73.9%이다. 2015년 기준 여성노동자들은 남성노동자 임금의 평균 63.8%를 받고 있어 OECD 국가 중 성별 임금 격차가 가장 크다. 또 중위 2/3 미만 저임금 일자리에 취업해 있는 여성노동자 비율이 45%로 남성의 세 배 정도 높다. 그리고 더 근본적인 문제로는 여성에게 가사와 육아의 책임을 더 무겁게 지우는 문화와 관습의 문제, 즉 성 역할에 대한 고정정인 인식의 문제 등을 꼽을 수 있겠다.

논문이나 신문, 잡지 등의 공식적인 매체에서 설명하는 이유들을 찾아보면 위와 같이 정리할 수 있지만, 실제로 주변의 맞벌이 가정에 질문을 던져보면 여성들은 "내가 더 잘해서"라고 대답하는 경우가 많다. 실제로 남편보다 부인이 더 높은 수준의 임금을 받는 경우에도 아이의 양육과 교육에 관한 문제를 부인이 전담하는 경우가 적지 않다. 관습적인 부분, 문화적인 부분, 이념적인 부분을 모두 고려하더라도, 실제로 여성들이 월등히 더 잘한다는 관찰이나 증언이 많다. 생물학적으로 그런가, 문화적으로 그런가, 본질적으로 그런가, 역사적으로 그런가를 따져볼 수도 있겠지만 일단 현상적으로 그렇다는 사실을 부정하기 어렵다.

육 아 하 는
남 자 =
유 니 콘 ?

너무나 느린 속도로 변하기 때문에 번번이 인용하기도 지겨운
이런 현실을 우리는 우선 오롯이 인정할 필요가 있다. 하지만 동
시에 한없이 느린 그 속도에도 불구하고 변화 자체에 주목해볼
필요도 있다. 가령 육아휴직 사용자는 역시 2016년 기준 출생아
100명당 여성이 16.3명 남성은 0.0명이지만, 100명당 0명이라고
해서 없는 것은 아니다. 2015년 기준 전체 육아휴직자 중 남성 비
율은 5.6%에 해당한다. 자, 이제 이 5.6%에 해당하는 사람들에
대해서 생각해보자.✢ 물론 여기에는 육아를 핑계로 휴직을 한 뒤
다른 목적으로 사용한 사람들도 포함될 것이다. 하지만 그 숫자
를 고려하더라도 여전히 없는 것이 아니다. 혹자는 그들을 유니

콘이라 부르지만, 내 눈에 보이지 않는다고 존재하지 않는 것으로 치부하는 태도는 인간에게 고차원적인 정신을 불어넣고자 했던 신의 뜻을 거스르는 태도다.♣♣ 그러니 신이 인간에게 허락한 상상력, 창의성을 발휘해보자!

원래는 내 주변에 실존하는 "잘 돌보는 남자들"의 사례를 몇 가지 기록해보려고 했다. 그런데 몇몇 경우들을 떠올려본 뒤 그보다 조금 더 영감을 주는 이야기들을 해보고 싶다는 생각이 들었다. (솔직히 말하면, 내가 그들의 상황을 정확하게 아는 것이 아니어서, 보이는 대로 믿을 수 있는 것인지 확신할 수가 없었다. 상을 왜곡하는 볼록 렌즈가 존재하기 때문이다.) 그래서 다소 식상한 숫자들을 뒤로하고 실제로 내가 겪어본, 나를 잘 돌봐준 아저씨들의 기억을 떠올려보았다. 나를 돌봐준 수많은 사람들 중에서 특별히 기억나는 소수의 남성들. 사실 이분들의 기억을 어렴풋하게나마 다시 떠올린 것은 아이를 낳은 뒤였다. 그전까지는 이런저런 측면에서 나를 괴롭힌 남자들에 대한 기억이 압도적이어서, 이들의 존재 자체를 잊고 있었다.

한 명은 1980년대 초반 내가 초등학교 2학년쯤 되었을 무렵

♣ 더 최근의 통계와 몇 년간의 변화를 보려면 큐알코드 자료의 수치를 참조하라. 전체 육아휴직 사용자 수는 2015년 이후로 다시 줄어들었지만, 남성 육아휴직 사용자는 늘어나고 있다. 2009년 500여 명에 불과했던 이 숫자는 2017년 12,043명으로 가파른 성장세를 보이고 있다.

우리 동네에 살던 대학생으로 추정되던 분이다. 이분의 이름을 편의상 '정다운 씨'로 부르겠다. 정다운 씨는 반듯한 외모에 다정한 목소리를 지닌 분이었다. 이분은 틈이 나면 나와 우리 오빠, 그리고 나보다 한 살이 많은 이웃집 언니 이렇게 셋을 잘 돌봐주었다. 우리끼리 놀이터에서 놀다가 정다운 씨가 지나가면 우리는 목청껏 그 이름을 불러댔다. 정다운 씨는 우리가 불러대면 거의 한 번도 빼놓지 않고 와서 놀아주었다. 어린아이들의 눈높이에 맞춰서 진짜로 재미있다는 듯이 같이 이야기하고 놀아주었다.

그러던 어느 날 정다운 씨가 우리와 조금 더 큰 스케일로 놀아주고 싶었던 것 같다. 우리는 이런저런 대화 끝에 꽤 먼 곳에 있어서 아이들끼리는 갈 수 없는 수영장에 가기로 결정했다. 우리는 각자 집에서 수영복과 준비물을 챙겨서 다시 만나기로 했는데, 나는 수영복이 없었다. 실은 입장료도 없었다. 그래서 우리는 다시 심각하게 작전회의를 했고 일단은 있는 돈을 다 그러모아서(주로

♣ 나는 아이를 낳고 종교와 형이상학에 대한 믿음이 더더욱 굳건해진 사람이라 어쩔 수 없이 이 책 전반에 걸쳐 그런 언급이 많이 나온다. 다만 나는 특정 종교를 강요할 생각이 없고, 모든 사람은 자기가 원래 속해 있던 그 전통의 신을 믿는 것이 좋다고 생각하는 편이다. 나는 모어를 사랑하듯이 나의 신을 사랑한다. 나를 표현하기에 가장 좋은 언어가 모어인 것처럼 내 삶의 의미를 찾아내기에 가장 좋은 신은 나의 신이다. 나는 부버가 강조하는 것처럼 온 존재를 기울여 나의 신과 일대일로 만나고, 신이 나에게만 보여주는 그 얼굴, 그 표정을 보는 것이 중요하다고 믿는다. 이것은 『아티스트 웨이』(경당, 2017)에서 줄리아 캐머런이 창조성을 신으로 바꾸어 부른 것과 비슷한 어법이다. 그럼에도 종교적인 표현에 읽기를 방해받는 분들은 '신'을 '형이상학'이나 '정신의 완성'(완성된 정신)으로 바꾸어서 읽어주시길 바란다.

정다운 씨 돈에 이웃집 언니의 용돈을 조금 보탰던 것 같다) 교통비를 하고 입장료를 내고도 얼마가 남으니 그걸로 수영장에서 수영복을 빌리거나 살 수 있을지 알아보기로 했다. 그렇게 해서 수영장에 갔고, 가장 싼 수영복을 하나 사서 입었고, 신나게 놀았다.

지금 생각해도 대단히 기이하다. 20대 청년이 돈을 받고 아르바이트를 하는 것도 아니고, 불우한 환경의 아이들에게 봉사활동을 하는 것도 아닌데 어떻게 아홉 살, 열 살짜리들과 그렇게 즐겁게 놀아줄 수 있단 말인가! 이분에게서 특히 기억에 남는 것은 이분이 우리와 함께 이야기할 때의 그 반듯한 말투와 표정이다. 우리가 꽤나 버르장머리 없이 굴었을 텐데도, 이분은 화를 내는 일이 없이 우리를 잘 구슬리고 통제했다. 아이들 사이의 갈등도 놀라울 정도로 매끄럽게 중재했다. 이렇게 민주적이고 재미있는 동네 어른은 거의 처음이었다. 안타깝게도 우리가 수영장에 다녀온 날 이후로 정다운 씨는 우리와 멀어졌다.

당시에는 아이들이 방과 후에 동네 친구들과 어울려 놀다가 저녁 먹을 시간쯤 알아서 귀가를 하곤 했는데, 그날은 장거리 여행으로 우리의 귀가가 생각보다 늦어졌던 것 같다. 집에서 우리를 찾던 어른들이 정다운 씨에게 항의를 하셨던 것 같다. 우리가 그런 동네 청년과 어울려 논다는 사실은 어른들에게도 잘 납득이 안 되었던 것 같다. 무슨 의도가 숨어 있는가? 혹시 정치적인 의도인가? 다른 뜻이 있지 않고서야 멀쩡한 대학생이 동네 초등학생과 이렇게 열심히 놀아준다는 것이 말이 되나? 그다음부터 정다운 씨와 우리는 멀어졌다. 정다운 씨는 우리가 아무리 불러도 멀리서 보일 듯 말 듯 인사만 하고 집으로 바로 들어가 버렸다. 동네 아이들에게 베푼 호의 때문에 오해를 산 경험이 이분에게 어떤 영향을 미쳤을까? 결혼을 했다면 아이들을 많이 낳고 잘 길렀을까? 정말로 궁금하다.

다음으로는 외할머니 댁 근처의 방범초소에서 근무하며, 나와 오빠, 그리고 우리의 사촌 형제자매들을 잘 돌보아주었던 의경(?)이 떠오른다. 우리가 어떻게, 왜 방범초소에서 놀게 되었는지는 잘 기억이 나지 않는다. 몇 살 때인지도 잘 기억이 나지 않는다. 아마도 우리가 할머니 댁에서 반찬 같은 것을 가져다드리는 심부름을 하다가 눌러앉게 된 것 같다.

그 초소의 막내인 듯한 의경 아저씨는 바르고 단정한 목소리를 지닌 분이었다. 이 의경 아저씨 때문에 방범초소는 한동안 우리의 아지트가 되었다. 이분은 우리에게 꿍쳐놓은 간식을 주기도 하고 옛날이야기를 들려주기도 하고 노래들을 가르쳐주기도 했다. 이분에게 배운 노래 중에 가장 기억에 남는 것이 〈작은 연못〉이라는 노래다. 아이들 눈높이에서 가사 한 줄 한 줄, 그 느낌과 의미를 짚어가며 알려주었고 우리 모두가 정확한 음을 낼 때까지 친절하게 지도했다. 이분이 초소 근무를 마치고 더 이상 나타나지 않게 된 뒤에 우리는 다시 방범초소와 멀어졌다.

관   심   과
소   통   의
연   습

아이를 돌보는 일을 내 마음대로 크게 두 가지 영역으로 나누어
볼 수 있을 듯하다. 한 가지 영역은 알뜰살뜰하게 아이의 기본적
인 필요와 욕구를 책임지는, 먹이고 씻기고 입히고 재우는 것과
관련된 활동이고, 부지런함과 깔끔함이 몸에 배어 있는 훌륭한
사람들이 잘할 수 있는 영역이다. 그리고 두 번째는 아이의 정서
적인 필요와 욕구에 반응하고 아이와 상호작용 하는 영역이다.

　두 영역이 명확히 분리된다고 말하려는 것은 전혀 아니다. 인
간의 몸과 마음이 명확히 분리된다는 식의 이원론이 사실이 아
니라는 것은 어떤 종류의 '돌봄'을 경험해본 사람도 금방 눈치챌
수 있을 테니까 말이다. 아이의 똥 기저귀를 수년간 빨아 입히다

보면, 아이의 정서적 필요가 의식하지 않아도 자꾸만 포착되는 법이고, 또 아이의 표정과 마음의 변화를 계속해서 관찰하다 보면 아이의 의식주를 더 꼼꼼히 챙기게 되기 마련이다.

나는 부지런함과 깔끔함이 몸에 배어 있기는커녕 매일 아침저녁으로 세수하고 양치하는 것조차 힘겨운, 지저분하고 게으른 사람이긴 하지만, 그래도 아이와 눈을 맞추고 재미나게 소통하는 방법을 터득함으로써 겨우겨우 부모의 자리를 지켜오고 있다. 그러고 보니 잘 돌보는 사람들, 아이와 잘 지내는 사람들, 아이에게 큰 영향을 주고 아이의 기억에 오래 살아남는 사람들에게는 어떤 특징이 있는 것 같다. 전문적인 지식이 없고 훈련을 받지 않은 사람들 중에서도 인간의 마음과 상상력에 관심이 있는 사람들은 조금 더 쉽게 아이들의 세계로 들어가는 것처럼 보인다.

고 신영복 선생이 꼬마들의 조직 '청구회'에 참여했던 이야기를 담은 『청구회 추억』(돌베개, 2008)에 나오는 한 대목이 떠오른다.

중요한 것은 '첫 대화'를 무사히 마치는 일이다. 대화를 주고 받았다는 사실은 서로의 거리를 때에 따라서는 몇 년씩이나 당겨주는 것이다. 그러므로 내가 꼬마들에게 던지는 첫마디는 반드시 대답을 구하는, 그리고 대답이 가능한 것이어야 한다. 만일 '얘, 너 이름이 뭐냐?'라는 첫마디를 던진다면 그들로서는 우선 대답해줄 필요를 느끼지 않을 뿐만 아니라 오히려 놀림의 대상이 되었다는 문제감으로 일정한 간격을 유지하고 뱅글뱅글 돌아가기만 할 뿐 걷고 대화가 이루어지지 않는다. 그러므로 나는 반드시 대답을 필요로 하는 질문을, 그리고 어린이들이 가장 예민하게 알아차리는 놀림의 느낌이 전혀 없는 질문을 궁리하여 말을 걸어야 하는 것이다.(13쪽)

　내 추억 속의 정다운 씨, 의경 아저씨, 그리고 신영복 선생이 아이들과 우정을 쌓고자 한 애초의 의도가 무엇인지는 알 수 없다. 정말로 각자의 사정이나 다른 어젠다가 있었을지도 모르겠다. 하지만 애초의 의도가 무엇이었건 간에 이들이 아이들의 세계로 걸어 들어가 아이와 맺은 관계, 그들이 나눈 생각과 마음, 그 소통은 진짜였으리라고 믿는다. 그 소통은 아이들은 물론 어른들조차 한 뼘 더 성장시켰으리라. 우리가 돌봄의 감수성을 회복하려고 할 때 이런 능력의 발견과 발굴이야말로 그 출발점이 될 수 있으리라고 믿는다. 누군가를 보살피는 능력을 타고나지 못한 사람도, 배우지 못한 사람도, 익숙하지 못한 사람도, 이런 미세한 관심과 소통의 방법을 연습함으로써 돌봄의 능력을 되살려낼 수 있지 않을까.

아이의 똥 기저귀를 수년간 빨아 입히다 보면,
아이의 정서적 필요가
의식하지 않아도 자꾸만 포착되는 법이고,

또 아이의 표정과
마음의 변화를
계속해서 관찰하다 보면
아이의 의식주를 더 꼼꼼히 챙기게 되기 마련이다.

11

친구들과
사회성

아 이 가
처 음 만 나 는
친 구 들

두 돌이 지나 어린이집에 다니기 시작하면서 아이의 사교 생활
이 시작되었다. 어린이집 친구들은 남아와 여아의 비율이 7:3 내
지 8:2였다. 게다가 딸아이는 최고 월령으로 25개월을 꽉 채운 상
태였는데, 이제 막 14개월이 지나 겨우 걸음마 하는 수준(?)의 아
기 친구들이 많았다. 아기 친구들은 딸아이에게 기어와서 우정
과 호의가 담긴 침을 잔뜩 묻혀주며 인사를 했고, '오, 그거 괜찮
아 보이는데!' 하는 경탄의 의미로 장난감을 빼앗아가기도 했다.
그때마다 딸아이는 "아니야~, * * 이한테 이러는 거 아니야~, 안
돼, 하지 마, 지지야, 저리 가" 등등 엄마의 말투를 똑같이 따라하
며 잔소리로 대응했다. 물론 아기 친구들은 귓등으로도 안 들었

다. 자존심 강한 남자아이들은 딸아이의 잔소리에 보란 듯이 삐뚤어지기도 했다.(아, 남편이 저래서 자꾸 삐뚤어지는 거구나 깨닫는 계기가 되기도 했다.) 어린이집 입소 후 적응 기간 일주일 동안 무한 반복되는 딸아이의 잔소리를 관찰하며, 아이의 교우 관계에 대한 어두운 전망이 밀려들었다. 엉덩이가 무겁고 입만 활동적인 우리 딸은 엄마 친구들 사이에서는 주관과 취향이 뚜렷하고, 노래도 잘하고, 말도 재미있게 한다고 인기가 많았지만, 자기 친구들 사이에서 이런 매력 요소들은 무용지물이었다.

그런데 곧 놀라운 반전이 일어났다. 딸아이는 항상 반에서 가장 엉덩이가 무겁고 가장 말이 많은 아이였지만, 가장 엉덩이가 가볍고 가장 입이 무거운 친구들과도 재미있게 노는 방법을 터득했다. 그리고 시간이 흘러 아이가 적정한 월령에 이르자(다섯살 무렵) 유치원이나 교회 친구들, 동네 친구들, 친척 언니, 오빠, 동생들 누구하고도 잘 어울려 놀게 되었다. 기질도 나이도 성별도 다른 아이들이 서로에게 호감을 느끼고 서로 좋은 기운을 주고받으며 어울리는 모습은 신비롭고 감동적이었다.

아이의 사회성을 길러주고 싶어서 플레이데이트를 하거나 놀이터에 풀어놓으면서도 걱정이 끊이질 않았던 노산 엄마는 또 반성했다. 큰 덩치로 항상 뛰거나 날아다니는 에너자이저 오빠들과 놀 때는 (내 아이를 포함한) 작은 아이들이 다칠까 염려하고, 또 똑똑하고 야무진 언니들과 놀 때는 (내 아이를 포함한) 소심한 아이들이 언니들 말에 상처입지 않을까 염려하고, 산만한 또래 아이들이나 울고 떼쓰는 동생들과 놀 때는 아이가 지루해하거나 내 아이를 포함한 이 그룹이 주변에 민폐를 끼칠까 봐 염려했다. 아이들 놀이에 개입하는 것이 얼마나 몰교양적인 일인지 잘 알지만, 솔직히 아이들끼리 툭탁거릴 때 당장 달려 들어가서 "니네 엄마, 아빠 어딨어!" 소리치고 싶은 적이 왜 없었겠는가. 다른 엄마들 역시 내 딸에게 그러고 싶은 순간들이 많으리라는 역지사지의 정신으로 겨우 눌러 참았다.

아이의 생존에 대한 걱정을 어느 정도 내려놓은 이후에 엄마들, 특히 워킹맘에게 가장 큰 고민거리는 바로 아이의 친구 관계, 이른바 '사회성'일 것이다.(육아 코너의 책 제목들만 잠깐 훑어봐도 알 수 있는 사실이다.) 나는 직장에 다니는 와중에도 종종 휴가를 내서 아이 친구들을 불러 슬라임 파티도 열고 파자마 파티도 열곤 했다. 아이가 더 어렸을 때는 네 가정이 일주일에 한 번씩 아이들을 보육하는 품앗이 육아를 꾸려보기도 했다. 하지만 이런 부자연스러운 열심이 행복한 기억으로만 남아 있는 것은 아니다. 내가 아이를 키우면서 일을 계속할 수 있는 것이 수많은 사람들의 배려와 인내 덕분이라는 것을 알고 있다는 사실만 다시 한 번 기록해두고자 한다.

인 격 의 발 달,
집 단 성 과
개 인 성

아이들의 성장과 발달에 부모와의 애착이나 부모의 교육이 별 영향을 미치지 못하고, 오히려 또래 그룹과의 동일시가 중요한 영향을 미친다고 주장해서 화제가 된 책 『양육가설』. 앞서도 잠시 인용했지만, 지나치게 부모(실은 '엄마')의 책임을 강조하고 강요하는 수많은 전문가들의 이론(이른바 이 책의 저자인 주디스 리치 해리스가 말하는 '양육가설')들의 비과학성을 검증하는 재미있고 고마운 훌륭한 책이다. 하지만 "부모가 자식을 키우는 방식이 자식이 어떤 인간으로 자라나는지에 대해 중요한 영향을 미치지 못한다"(18쪽)라는 말이 자칫 개념의 혼동을 가져오지는 않을지 걱정이 되기도 한다.♣

인간이 자란다는 개념에는 매우 여러 측면이 존재한다. 그런데 최근의 과학/심리학 담론은 인간의 발달이나 행복을 다룰 때 '사회적 적응'의 측면에 과도하게 집중하는 경향이 있는 것 같다. 어떤 경우에는 검증이 불가능하다는 이유로 양적으로 환원될 수 없는 부분들을 과감히 삭제한 논의를 펼치곤 한다. 부주의한 서술에 부주의한 독해가 만나면, 양적으로 검증될 수 없는 성장은 중요하지 않다는 식의 오해가 생길 수도 있다. 그 한계에 대한 자각 없이 무신경한 (유사)과학 담론이 인간의 성장이나 돌봄 같은 주제를 점점 더 많이 다루게 되는 것에 나는 위기의식마저 느끼곤 한다.

나는 오랫동안 인문학을 공부하고 인문학 책을 만들어오면서 집단성과 개인성, 공적인 것과 사적인 것, 공동체와 개인이라는 주제에 깊이 매료되어왔다. 특히 인간의 사회적 적응과 영혼의 성장이 어떻게 충돌하고 어떻게 화해하는지에 관한 문제는 앞으로도 계속해서 답을 찾아가고 싶은 문제이기도 하다. 내가 '돌봄'에 대해서 실용적 관심만이 아니라 공부 주제로서 관심을 갖는 이유도 이와 무관하지 않다.

❦ 저자도 개정판 서문에서 이 점을 인정하고 있다. "사회화와 성격 발달은 별개의 과정이라는 점이 이제 나에게는 명백하다. 사회화는 아이를 그들 문화에 적응하게 하며 그 결과 아이들이 같은 성별의 또래들과 더 비슷하게 행동하도록 만든다. 성격 발달은 반대로 작용한다. 즉 개개인의 차이를 보존하고 확대하는 것이다."(14쪽)

　나는 인간의 발달과 성장을 다루는 어떤 논의도 둘 중의 한 영역을 삭제, 생략하거나 소홀히 해서는 안 된다고 생각해왔다. 조금 더 구체적으로 살펴보자. 『양육가설』은 부모의 양육 방식뿐 아니라 부모의 유전자조차 아이들의 장기적인 성격 형성에 큰 영향을 미치지 않는다고 주장한다. 아이들의 성격 형성*에 영향을 미치는 것은 오히려 또래 집단의 규범이라는 것이다. 주디스 리치 해리스의 이야기를 정확하게 요약하는 사례를 하나 인용해 보겠다.

　　학교에서 어떤 여자애가 복도를 걷다가 갑자기 뭔가 깜빡한 것이 생각났나 봐요. 그래서 "아이, 참!"이라고 소리쳤지요. 그러다 주위를 두리번거리다 친구가 보이자 이렇게 말하는 거에요. "그니까, 쌍이라고."(121쪽)

　아이들은 집 안에서와 집 밖에서 전혀 다른 규범에 따라 행동한다. 이것은 전적으로 사실이다. 그런데 저자는 인간이 밖에서 활동하는 시간이 더 많기 때문에, 밖에서 어떻게 행동하느냐가 그 사람에 대해 더 많은 것을 말해준다는 입장을 취하기도 한다. 이는 전혀 사실이 아니다.

♣　이 책에서는 사회적 적응을 곧바로 발달이나 성장이라고 부르고 있지만, 나는 그것을 조금 더 제한적인 용어로 바꾸어 옮기고 있다.

집 안에서의 나와 집 밖에서의 나는 모두 나다. 또 저자는 가정, 사생활은 매우 현대적인 개념으로 다른 문화권과 다른 시대에는 존재하지 않았기 때문에 인간의 보편적인 속성이라 볼 수 없다고 말하기도 한다. 당연히 이 역시 사실이 아니다.(이에 대해서는 『사생활의 역사 1』(새물결, 2002) 고대 편을 참조해주기 바란다. 사적영역은 시대마다 개념이 조금씩 달라지긴 하지만, 문명이 시작된 이래로 인류에 의해 지속적으로 추구되어온 프로젝트였음을 알 수 있다.)

다소 몰역사적인 서술이라는 장애물을 헤치고 핵심만 읽어내려는 적극적인 독해가 필요한 책임에도 『양육가설』에는 양육과 아이들의 성장에 관한, 무시할 수 없는 통찰이 담겨 있다. 바로자기가 속한 집단의 무의식적 가치와 규범을 아이들이 거의 동물적으로 학습한다는 사실이다. 이것은 나의 주관적인 관찰과도 일맥상통한다. 아이들 여러 명이 함께 놀 때면 그 그룹에서 가장 사회성이 떨어지는 아이가 누구인지 알 수 있다. 아이들 모두가 그것을 순식간에 알아차리고, 그 취약한 아이를 은근슬쩍 배제시키는 게임을 하는 순간들이 존재하기 때문이다.♣♣

아픈 기억이기는 하지만 이를 입증하는 또 하나의 강력한 개

♣ 이런 게임은 남자아이들이 많을 때 강화된다는 사실은 해리스가 인용하는 수많은
♣ 연구가 입증하는 바다. 우리가 사회적 적응만을 인간 발달의 측정 도구로 삼으면 안
되는 또 하나의 이유가 여기에 있다. 이런 논의는 어쩔 수 없이 젠더에 대한 차별적
가치 판단과 연관되기 때문이다.

인적 경험이 있다. 나는 유년 시절 몇 년 동안 사회성 부족으로 고생한 경험이 있는데 그중 압권은 아홉 살 무렵 '왕따'를 당했던 일이다. 새로 전학을 간 학교에서 기존의 그룹에 끼어들기 어려운 입장에 처한 적이 있다. 나는 (오빠 옷을 물려 입고 오빠 물건들을 물려 쓰느라) 젠더가 불분명한 아이였고, 선생님이나 어른들의 관심 밖에 존재하는, 뭔가 주눅 들어 있고 자신감이 부족한, 특이한 아이였던 것이다. 지금도 명확히 언어화할 수 없는 미세한 차이를 아이들은 순식간에 알아차렸다.

그리고 그 아이들은 외부자로서 내 위치를 공고히 하기 위해 수도 없이 잔혹한 장난을 치곤 했다. 그렇다고 해서 내가 당시에 동네 친구들과의 소규모 놀이에서까지 적응하지 못한 것은 아니다. 익숙한 모임에서는 오히려 내가 새로 등장한 사회성이 떨어지는 아이를 배제하는 쪽에 속한 적도 있다.(물론 마음이 매우 불편했다는 변명을 꼭 덧붙이고 싶다.) 나는 이런 경험을, 인간이 얼마나 자연스럽게 잔혹한 동물인지에 대한 증거로 오랫동안 간직해왔다.

하지만 열한 살 무렵 내가 집단의 룰을 완전히 파악하고 대처하기 시작한 이후로 나는 어떤 그룹에서도 이방인의 낮은 지위에만 머무른 적은 없었다. 항상 적극적으로 내부인이 되고자 노력했고, 항상 성공했다. '아싸, 인싸'라는 개념은 전혀 새로운 것이 아니다. 이것은 개인이 게임을 펼쳐야 할 집단의 규모가 커지면 항상 벌어지는 일이라는 사실을, 나는 잘 알고 있다. 누구나 어떤 독특함 때문에 배제의 표적이 될 수 있다는 사실도 잘 알고 있다. 아마도 이런 경험들 때문에 나는 집단적 가치를 거스르지 않고자 하는 강력한 욕구, 나의 가치관과 세계관을 지지하는 집단과 항상 함께하고자 하는 욕구에 남들보다 더 집중해왔는지도 모르겠다.

반면에 이와 대립한다고는 할 수 없겠지만 결코 통합적이지는 않은 방향의 욕구도 늘 존재했다. '내면의 발견'이라고 해야 할까, '영혼의 성장'이라고 해야 할까. 나는 사춘기 시절 당시 가장 강력한 집단성을 자랑하던 날라리 친구들의 규범에 맞추어 행동하기 위해 엄청난 반항과 일탈의 시기를 보냈는데, 그 와중에조차 이런 내적인 성장 욕구를 잊어본 적이 없다. 일기를 쓰고 책을 읽는 것이 그런 허기를 달래는 데 가장 좋은 양식이 되었고 똑똑한 여자 친구들과 편지를 주고받는 것도 도움이 되었다. 그리고 당연히 친밀하고 개인적인 교제(연애)야말로 이런 과제를 완성하기 위한 가장 중요한 방법론이었다.

벌   레   와
두   려   움
혹 은   용 기

우리 딸 이야기로 돌아와보자. 아이가 여섯 살 무렵 함께 오래된 주택의 반지하 작업실 공간을 둘러보러 간 적이 있다. 도배와 장판을 깨끗이 했지만 반지하인데다가 습한 여름이라 집 안 곳곳에 거미 사체들이 보였다. 여섯 살 평생을 도시에서만 살아서 벌레를 엄청나게 무서워하는 아이가 기겁을 하며 나에게 매달렸다. 처음 10분 정도는 20킬로그램에 육박하는 아이를 안은 채 그 공간을 둘러보았다. 실은 나야말로 세상에서 벌레 빼고는 무서울 게 없는 사람인데, 애써 용기를 내어 "거미가 뭐가 어때서? 거미 엄청나게 예쁘게 생겼잖아. 다리도 길고"라고 마음에 없는 소리를 해보았다. 엄마인 나라도 씩씩해져야겠다고 생각한 것이다. 하지만 내 연기력이 많이 부족했는지 아이의 태도는 바뀌지 않았고, 아이는 거의 눈물을 흘리며 "아니야, 엄마, 벌레 무서워. 나 땅에 내려놓지 마~"를 연발했다. 결국 거미의 사체가 있는 곳마다 휴지를 살짝 덮어놓고 나서야 아이를 내려놓을 수 있었다.

그렇게 집을 한 바퀴 둘러보고 있는데 잠시 후 아이 친구들이 엄마들과 함께 도착했다. 아이 친구들은 모두 동갑내기 남자아이들이었는데, 친구들이 도착하자마자 아이는 갑자기 잘난 척을 시작했다. "야, 여기 진짜 멋지지! 여기 벌레 진짜 많다! 여기 '벌레 공장'이야, '벌레 공장'!!!" 평소에도 어이없는 자랑을 많이 하는 아이이긴 하지만, 이번엔 정말로 어이가 없었다.

어른들이 이 집에서 무엇을 할 수 있을지 이야기를 하는 사이 아이들은 어디서 주워왔는지 긴 나뭇가지 하나를 주워서 지팡이 삼아 반지하 공간 곳곳을 탐험하고 다녔다. 그러다가 딸아이가 벌레를 덮어놓은 휴지를 나뭇가지로 살짝 들어 올려 거미의 사체가 나오자, 몰려 있던 아이들이 꺄르르 소리를 지르며 흩어진다. 그때 목격한 아이의 표정이 아직도 너무나 생생하다. 조금 전 나에게 매달렸을 때 아이의 얼굴이 두려움과 엄마에 대한 의존으로 물들어 있었다면, 그때 본 아이의 얼굴은 호기심과 모험심, 그리고 친구들과 같이 탐험을 하는 즐거움으로 가득 차 있었다.

아이가 또 이렇게 컸구나. 엄마한테는 아직도 아기처럼 매달리기만 해서 몰랐는데, 친구들과 같이 있을 땐 저렇게 씩씩한 언니였구나. 사실은 벌써 다 커서 친구들과 함께라면 무서운 게 없는 아이가 되었구나. 저 아이는 저렇게 친구들과, 동료들과 자기 길을 씩씩하게 헤쳐나가겠구나. 저 아이는 이제 엄마와 함께 있을 때가 아니라 친구들과 같이 있을 때, 성장하겠구나. 나는 뒤에서 그냥 기도하고 응원하는 것밖에 할 게 없겠구나.

이번엔 서운하지 않았다. 서운하기는커녕 그 순간 나는 또 아이에게 반했다. 모험심과 용기와 설렘과 신남으로 뒤범벅이 되어서 반짝반짝 빛나는 아이의 표정은 내가 살면서 보아온 가장 아름다운 장면 중 하나이다. 호기심으로 빛나는 저 눈이, 이 아이가 온갖 위험으로 둘러싸인 세계를 포기하지 않고 계속해서 탐험할 수 있는 가장 근본적인 동력을 품고 있음을 알고 있다.

또 래   친 구 와
아   이   들   의
상   호   작   용

벌레에 대한 아이의 태도에 대해서 그 뒤로도 많이 생각했다. 생각해보니 세 살, 네 살까지는 아이가 벌레를 별로 무서워하지 않았던 것 같은데, 아이가 자라고 인지기능이 발달하면서 이런 구별을 체화하게 된 것이다. 낯선 것과 익숙한 것을 구분하고 또 인간에게 도움을 주는 존재와 아닌 존재도 구분하게 되었다(적어도 사회적으로 그렇다고 통용되는 판단의 기준에서). 예쁜 것과 예쁘지 않은 것에 대한 기준을 받아들이기 시작했고, 착한 것과 나쁜 것, 좋은 것과 나쁜 것에 대한 객관적인 구분을 빠른 속도로 습득하고 있다. 객관적인 평가와 판단의 개념도 이해하는 나이가 되었다.

이 많은 변화들은 아이들이 자라면서 거칠 수밖에 없는 필수 단계이므로 가치 판단의 대상이 아니다. 하지만 아이가 서서히 엄연한 사회의 구성원으로 적응해나가는 과정이 부모에게 복잡한 감정을 불러일으키는 것도 사실이다.

아이가 아기 때 큰 관심을 보였던 벌레의 이질적인 형태를 매혹이라고 부를 수 있을지 모르겠다. 분명한 것은 이질적인 것에 대한 아이의 그 강렬한 감정이 부정적이기만 한 것은 아니었다는 점이다. 벌레에 대한 본능적인 두려움은 있었겠지만, 그 외에 다른 긍정적인 반응들도 분명히 있었다. 그러다가 사회적이고 문화적인 지식과 상식이 쌓이면서 벌레에 대한 두려움과 혐오를 내장하게 된 것이다. 아마 내가 벌레를 무서워하는 모습(애써 씩씩한 척해왔지만 들킬 수밖에 없는 두려움)을 통해 배운 바일 수도 있겠다. 그런데 친구들과 있을 때는 또 두려움과 혐오라는 사회적인 경계를 뚫고 나갈 수 있는 힘이 생기기도 하는 것이다.

이미 눈치챘겠지만 나는 사회적 교류가 인간의 행복을 위한 가장 핵심적인 요소라는 심리학의 담론에 약간의 거부감을 갖고 있는 사람이다. 사회 적응은 인간 발달의 중요한 지표이고, 아이의 사회 적응을 돕는 것은 부모의 책임이나 의무라고 생각하지만, 과연 행복이 그런 것뿐이라면, 굳이 꼭 행복해야 할까 하는 생각이 들기도 하는 것이다. 하지만 아이들의 상호작용을 관찰하면서 그 너머에 있는 무엇인가에 관해 조금 더 짐작해볼 수 있게 되었다. 단순히 무리 지어 있어 안전하다는 생물학적 가치 외에,

아이들이 자신과 다른 기질과 성격과 재능을 가진 또래의 존재들에게서 자신에게 없는 무언가를 채우려고 한다는 점. 그리고 그것이 아이들로 하여금 혼자서는 넘을 수 없는 어떤 한계선을 한 걸음 훌쩍 넘어보게 한다는 것. 우리가 인간의 발달을 거꾸로 개인화, 개성화에만 제한해 이야기하면 안 되는 이유가 바로 여기에 있는 것이 아닐까.

아이들이 벌레를 보고 좋아하는 것은 똥이나 방구를 좋아하는 것과도 비슷한 마음이 아닐까? 이질적인 것, 더러운 것(사회적으로 더럽다고 여겨지는 것), 생리적인 것, 동물적인 것, 인간의 정교한 사회 시스템이 삶의 뒷면이나 사적인 영역에 깊이 묻어두고자 하는 것들에 대한 아이들의 양가적인 태도, 운하임리히. 여기에서 내가 목격한 것은 사회적인 금기, 사회적인 경계에 대한 감각이 자라나는 모습이었을지도 모르겠다.

아이들이 스스로 금기와 경계를 이렇게 건강하게 다루었던 순간들을 늘 기억하기를! 그리고 집단성과 개인성의 경계마저도 이렇게 유연하고 아름답게 넘나들기를!

아이들은 자신과 다른 기질과 성격과 재능을 가진
또래의 존재들에게서 자신에게 없는 무언가를 채우려고 한다.
그리고 그것이 아이들로 하여금 혼자서는 넘을 수 없는
어떤 한계선을 한 걸음 훌쩍 넘어보게 한다.

우리가 인간의 발달을
개인화, 개성화에만 제한해 이야기하면
안 되는 이유가 바로 여기에 있는 것이 아닐까.

12

기관
생활

어 린 이 집
대 기 번 호,
과 연 실 화 인 가

임신 때부터 수십 군데 대기를 걸어두고(당시에는 이게 가능했다) 두 돌 즈음에는 연락이 오겠지 했던 어린이집. 두 돌이 되도록 연락은커녕 아무리 대기번호가 줄어도 100번대 안으로의 진입은 어려웠다. 가장 늦은 경우 800번대.(전체 대기자 수가 3,000명이 넘으니 이 정도도 양호한 것이긴 했다.) 구립, 서울형, 7세까지 보낼 수 있는 곳을 위주로 먼저 대기 신청을 한 탓도 있지만, 나의 거주 지역 어린이 수 대비 어린이집(유치원) 수가 다른 지역과 비교해서도 확실히 적었다. 그 빈틈을 놀이학교나 영어유치원이 메워주는 형국이었다.

사실 한국의 보육 정책은 최근 10여 년 사이에 눈에 띄게 발

전해왔다. 그중 가장 중점으로 이루어지고 있는 것이 보육기관과 양육지원시설의 확충이다. 중앙정부든, 시 차원이든, 다른 지자체 차원이든 어쨌든 구립 어린이집과 도서관이 속속 들어서고 있다.

　나 역시 신설 구립 어린이집의 개소 정보를 몇 달 전부터 확보하고 등록을 시도해본 경험이 있다. 아이 아빠를 열심히 교육시켜 오전 10시 30분 전부터 서울시 보육포털에 로그인해서 10시 정각부터 일명 '광클릭'을 하도록 했으나, 10시 15분경 100번대 대기번호를 받게 된 슬픈 사연이 있다. 그러던 어느 날, 등록해놓은지도 잊고 있었던 어느 가정 어린이집에서 순번이 되었다는 연락이 왔다. 평가인증도 안 받고 서울형도 아닌, 라벨이 없는 곳이라는 점이 마음에 걸리긴 했다. 하지만 근대적인 제도와 장치들이 최소한으로 보장해줄 수 있는 것을 넘어서는, 합리적으로 평가하고 측정할 수 없는 영역이 보육이라는 활동에 다양하게 존재한다는 점을 상기하며, 가기로 했다.(실은 연락이 온 것만으로도 감지덕지한 상황이었다.)

　다행히, 공간이 매우 마음에 들었다. 전통적이고 오래된 양옥 형태. 두 층을 총 다섯 개의 반이 나누어서 쓰고 있었다. 앞에 작은 마당도 있다. 이전의 기억을 깔끔하게 밀어버린 대단지 아파트촌이 아닌, 골목길마다 단독주택과 다세대 다가구 주택들과 각종 가게들이 자리 잡은 동네였다. 산과 멀지 않아 공기도 괜찮고, 선생님들도 연륜 있어 보이시고, 무엇보다 처음 일주일 이상 부모와 함께 적응 훈련이 가능하다는 점에 마음이 놓였다. 그 후에도 필요한 경우 부모가 아이와 함께 원 방문을 비교적 자유롭게 할 수 있었다.

어린이집에 다니면서 아이는 사회생활의 기초를 닦았다. 여럿이 함께 생활하려면 규칙이 필요하다는 것, 밥과 반찬을 골고루 잘 먹어야 한다는 것, 손을 잘 씻고 양치질을 잘해야 한다는 것, 친구와 장난감을 나눠서 써야 한다는 것 등을 배웠다. 배변 훈련도 어린이집에서 해주었고, 숟가락질도 어린이집에서 마스터했다. 특히 선생님들이 아이 머리를 현란할 정도로 예쁘게 빗겨주신 기억이 감탄스럽게 남아 있다. 아이로서도 첫 기관 생활, 첫 사회생활이 쉽지는 않았겠으나, 어쨌든 2년을 잘 다니고 졸업했다.

3 0 0 : 1 4 의
경   쟁   률   을
뚫   다

300:14. 다시 봐도 믿기지 않는 숫자다. 2015년 12월 9일 참여했던 딸아이 유치원 추첨 경쟁률은 30:1에 가까웠다. 내 인생에서 이런 경쟁률을 뚫어본 적이 있었던가. 실제로 비슷한 경쟁률의 한 유치원에서는 반일반 추첨, 종일반 추첨, 대기 추첨까지 연달아 낙첨되었는데, 통계의 원리상 낙첨이 지극히 자연스러운 현상임을 명확히 인지하고 있었음에도 불구하고 마음이 울적했다.(물론 중복 응시자들이 많았다. 그 와중에 눈물을 보이는 부모들도 있었지만, 아이들은 곧 어딘가 갈 곳을 찾아갔다. 나는 이 경험 이후로 대체로 아이들을 둘러싸고 벌어지는 많은 난리들이 대체로 몹시 과장된 것임을 정신 똑바로 차리고 기억하려고 한다.)

엄청난 경쟁률을 뚫고 당첨된 유치원이지만 입학을 앞두고 근심이 많은 노산 워킹맘의 마음은 또 분주해졌다. 어린이집 공간보다 훨씬 크고 복잡한 새 건물에 잘 적응할지, 식당이 있는 지하에서 교실이 있는 4층까지 가파른 계단을 사고 없이 잘 오르내릴 수 있을지, 새로운 친구들을 잘 사귀게 될지, 한 반 인원이 두 배 이상으로 늘어나는데 선생님들의 지도를 잘 따라갈 수 있을지…… 마음뿐 아니라 몸도 분주해졌다. 오리엔테이션과 상담을 위해 반차를 내고, 지원금을 받기 위해 아이행복카드를 만들고, 보육료 지원을 교육비 지원으로 전환하고 스쿨뱅킹에 가입하고, 실내화와 덧신을 구입하고, 각종 개인용품에 이름을 새기거나 이름표를 달고…… 숙제가 한꺼번에 쏟아졌다.

무엇보다 워킹맘을 긴장시킨 것은 새롭게 바뀐 시간표였다. 오전 10시 10분쯤 집 앞으로 오는 셔틀을 타고 어린이집에 가던 아이가 이제 아침 8시 30분에 집에서 나가야 한다. 취침 시간과 기상 시간을 모두 두 시간 이상 앞당겼다. 저녁에 엄마가 퇴근하면 아이는 바로 목욕을 하고 짧은 잠자리 독서 시간을 갖고 8시 정도부터 잠들 준비를 해야 했다. 그런데 몇 년 동안 밤 11~12시 취침을 고수해오던 아이가 의외로 쉽게 새로운 시간표에 적응했다. 아이들의 적응력이란!

사 립 유 치 원 과
국 가 의
양 육 책 임

세계에서 가장 부지런하고 가장 영리하고 가장 욕심 많은 부모들을 상대해야 하는 정부 유관기관의 고충을 십분 이해한다. 그래서 기관 입소, 입원 및 대기와 관련된 절차나 비용 지원 절차가 계속해서 바뀌는 것도 번거롭기는 하지만 군말 없이 이해하는 편이다. 입소 우선순위를 결정하는 방식도 꽤 합리적이라고 생각하는 편이고 보조금을 받는 기관에 대한 관리도 철저하다고 생각하는 편이다. 정책결정자의 입장에서 더 나은 방법을 찾기가 쉽지 않을 것이다.

2019년 초 문제가 되었던 사립 유치원 이슈에 대해서 몇 가지 덧붙이고 싶은 말이 있다. 내 아이가 다닌 유치원 역시 오랜 전통을 지닌 사립 유치원이다. 아마도 이 동네, 이 골목에서도 가장 역사가 깊은 장소라고 할 수 있을 듯하다. 이 유치원은 40여 년을 운영해온 경험을 바탕으로, 노산 엄마인 내가 익숙할 정도의, 매우 전통적인 유아교육을 고수하고 있다. 시설은 다소 낡았지만, 놀이터와 옥상 수영장이 있고 교외에 농장도 있어서 아이들이 격주로 농장에 가서 수업을 하는 유치원이다. 한 반에 최소 25~30명 정도가 생활하는 원생 수가 많은 유치원이고, 그래서인지 선생님들은 아이들을 빠른 시간 안에 정확히 파악하는 놀라운 능력을 지니셨다.

유치원과 어린이집에 누리과정이라는 공식적인 유아교육 커리큘럼이 보급되어 5~7세를 대상으로 시행되고 있고, 이 부분에 대해 매년 장학사들이 감사를 처리하고 있다. 2018년 어느 국회의원이 공개한 사립 유치원 감사 결과들을 살펴보니 개인의 이해관계와 지역 내 영향력을 증진하려는 목적으로 운영되는 유치원이 이 시대에도 여전히 잔존한다는 사실을 알 수 있었다. 민주적인 시대의 변화에 발맞추지 못하는 시대착오적이고 구태적인 운영을 하는 기관들이 아직도 남아 있다는 사실은 놀라웠다. 하지만 상당수의 기관은 행정 절차나 단순한 회계 처리의 문제로 지적을 받은 것이라는 점도 언급하지 않을 수 없다.

나는 국가의 책임을 키우고 국가의 개입이 커지는 방식으로 보육과 초기 교육의 시스템을 짜는 방향이 오늘날 유일하게 가능한 방향이라고 생각한다. 다만 그동안 일정한 역할을 담당했던 민간의 역량을 최대한 흡수하는 방식으로 변화가 이루어지기를 간절히 바란다. 한국에서 1960년대 이후 사립 학교들이 전문적이기는커녕 각종 비리의 온상으로서 후진적인 모습을 많이 보여오기는 했지만, 사실 한국에서 민간 교육의 역사는 그보다 훨씬 이전, 구한말로 거슬러 올라간다. 국가가 그 책임을 다할 수 없을 때, 뜻이 있는 민간 기관들이 수백 개가 생겨나 그 역할을 대신하고자 했던 초기 역사의 흔적이 이 영역에서 완전히 사라졌을리 없다. 아무쪼록 교육제도와 보육제도의 재편 과정에서 선의의 국가 개입이 부작용을 현명하게 피해갈 수 있기를 바란다.

변화를 위한 정치적 언어는 최대한 단순하고 선명해야 하는 것이 원칙일지 모르겠지만, 최소한 아이들을 키우는 영역에서는 정치적인 언어조차 신중하고 조심스러워야 한다고 믿는다. 선의의 문제 제기가 가져올 수 있는 가장 안타까운 부작용은 이것이 양육자들에게 종종 공허한 공포와 불안과 불신을 야기할 수 있다는 것이다. 아이를 함께 키워야 하는 기관에 대한 기계적인 불신은 양육에 아무런 도움도 되지 않는다. 내 경우 기관들과 좋은 관계를 유지하며 감사한 마음으로 졸업을 할 수 있었던 것은 전적으로 나의 처지 덕분이다. 양가 부모님들도 연로하시고 아이를 돌봐줄 사람도 없는 처지에서 나는 기관들을 전적으로 신뢰하고 의지할 수밖에 없었다. 그리고 아이의 유년기 대부분을 기관과 협업해서 아이를 키워온 지금, 되돌아보면 나의 신뢰와 의지가 매우 현명했다는 결론을 내릴 수밖에 없다. 양육을 보조하는 사람들이나 기관들에 대해 양육자들의 불신과 불안을 거두어내는 것, 나는 그것이 국가의 양육 책임을 무겁게 하는 것만큼이나(혹은 그보다 더) 중요한 과제라고 믿는다.

어린이집에 다니면서
아이는 사회생활의 기초를 닦았다.

여럿이 함께 생활하려면 규칙이 필요하다는 것

밥과 반찬을 골고루 잘 먹어야 한다는 것

손을 잘 씻고 양치질을 잘해야 한다는 것

친구와 장난감을 나눠서 써야 한다는 것

13

취향과
미디어

부　　모　　의
취　　향　　과
아 이 의　취 향

아이를 낳기 전까지 나는 일주일에 한두 번 이상 영화나 공연, 전시를 보러 다녔다. 그래서 아이를 낳고 키우면서 아이와 문화생활을 함께하게 될 날을 손꼽아 기다렸다. 내가 어렸을 적에는 미술관, 박물관이 전국에 몇 군데 없었고, 그나마도 아이들을 환영하는 곳은 거의 없었던 것 같다. 그에 비하면 요즘에는 아이들도 함께 즐길 수 있는 좋은 전시가 얼마나 많은가.

　　물론 예전엔 자연 환경과의 접점이 훨씬 더 많았고, 그 속에서 아이들은 그야말로 자연스럽게 감수성 훈련을 했을 것이다. 하지만 요즘 아이들에게는 그를 충분히 보상하고도 남을 만큼의 아름다운 인공물들이 있지 않은가.

아이가 어릴 때부터 주말마다 지역의 공공 공원이나 숲을 다녔다. 한강공원 가까이 살던 시절에는 거의 매일 한강 산책을 했다. 또 감각이 워낙 예민한 아이를 키우다 보니, 지나치게 시각을 자극하는 공연이나 영상에의 노출은 최대한 자제했다. 또 (완구업체 종사자 여러분께 죄송한 말씀이지만) 조잡한 플라스틱 장난감 종류는 가능하면 집에 들이지 않으려고 했다. 나름대로 원칙을 세우고 직절한 자극을 줬다고 생각한다.

그런데 이런 부모의 노력에도 불구하고 아이가 야외 활동을 좋아하게 만드는 데는 꽤 많은 시간과 노력이 들었다. 계곡이나 개울에서 발에 닿는 돌의 감각, 바닷가 모래와 파도를 처음부터 자연스럽게 좋아하지는 않았다. 호텔을 처음 경험해보자마자 10초 만에 반해버린 것과는 큰 차이였다. 아이는 미술관과 박물관을 좋아하는 편이긴 하지만, 여전히 그보다는 백화점을 더 좋아한다. 동네 산책을 할 때도 꽃이나 나무를 보기보다는 마트 구경을 더 좋아한다. 가장 참기 어려웠던 것은 언제 어디서 접신한 것인지 알 수 없는 시크 * 주주 노래와 장난감들이었고, 그 후 페어리 * 스티커와 카메라 시리즈들이 뒤를 이었다.

아이에게 부모의 꿈을 강요할 수 없듯, 부모의 취향을 강요할 수도 없다는 것을 머리로는 잘 알고 있다. 그리고 아이와 우리의 취향 역시 이런 탐구와 시행착오를 거쳐서 더 성숙하고 풍부해지리라는 것도 머리로는 잘 알고 있다. 그래서 다양한 페어리들의 이름과 특징과 매력을 이해해보려 노력하기도 했다. 그 후에 는 아이와 열심히 슬라임을 만들기도 했다.(굳이 긍정적인 효과를 떠 올려보자면, 슬라임에는 미래 지향적 교육의 키워드라고 할 '메이커'적인 요 소도 담겨 있고, 또 모래놀이와 유사한 감각치료적인 요소도 담겨 있는 것 같다.)

한편으로는 아이에게 영향을 주는 문화적 풍경들이 부모의 통제선을 훌쩍 넘어서는 것 같아 두렵기도 하다. 어린 시절 주변 의 온갖 상업적인 메시지들로 인해 내가 느꼈던 멀미와 현기증 이 떠오르기도 한다. 각각의 광고들이 담고 있는 메시지는 다양 해 보이지만 근본적인 메시지는 하나다. 무엇이든지 더 좋은 것 을 선택할 자유가 내게 있다는 것. 돈만 내면 무엇이든지 내가 선 택하고 고를 수 있다는 것. 이런 압도적이고 강력한 메시지 속에 서 부모의 목소리는 점점 더 초라해지고 작아지는 게 아닌가 하 는 두려움을 느끼는 것이다. 나는 운 좋게 어찌어찌 잘 헤쳐오긴 한 것 같은데, 나의 어린 시절과 비교도 할 수 없이 강도와 빈도가 증대된 광고의 홍수 속에서 이 아이들은 어떤 취향과 가치관을 지니게 될까?

초 연 결 사 회,
인 공 지 능 친 구,
유 튜 브 와 종 이 책

지금 우리 아이들이 살고 있는 세상이 얼마나 급변하는 세상인지 체감해보기 위해 잠깐 기억을 거슬러 올라가보고자 한다. 아이폰이 등장한 해는 2007년, 스마트폰이 한국에 상륙한 것은 2009년 12월이다. 그에 앞서 2009년 봄과 여름을 런던에서 보낸 나는 그곳에서 괴상한 장면을 목격했다. 버스 정류장에서, 지하철 안에서, 카페에서 모든 사람들이 전화기를 들여다보고 있는 장면 말이다. 당시로서는 매우 생경하고 이국적인 풍경이었다. 그래도 책 좀 읽는다는 나라의 책 좀 읽는다는 도시, 책 좀 읽는다는 동네에서도 그런 모습을 보다니, 실망스럽기도 했다.

　당시만 해도 쌩쌩하게 입이 살아서 바른말을 해대던 런던의 온갖 인쇄 매체에서 이런 풍경을 비판하는 모습도 보았다. 두꺼운 주말판 신문에는 눈이 돌아갈 정도로 화려한 책 리뷰들이 가득 실리던 시절이었다. 전통적인 매체와 새로운 매체 사이의 팽팽한 힘겨루기가 그 도시의 공기에서 생생히 감지되었다. 당시 내가 살던 동네의 서점 하나가 폐점을 하게 되어 갑론을박이 있었는데, 그 후 어떻게 되었는지 모르겠다. 서점의 운명은 알 길이 없지만, 매체 전반을 둘러싼 그 팽팽했던 줄다리기의 결말이 어땠는지는 이 글을 읽는 분들 모두 짐작하실 수 있으리라.

그로부터 1년이 안 되어서 나 역시 그때 그 사람들처럼 버스 정류장 앞에서는 버스 시간표를 찾아보고 버스에 올라타서는 SNS를 들여다보는 습속에 자연스럽게 물들었다. 함께 있는 사람이 대화 중에 스마트폰을 들여다보는 일은 몇 년 전까지만 해도 무례하게 느껴졌는데, 지금은 나도 다른 사람들과 함께 식사나 차를 하는 중에, 회의 중에, 습관적으로 스마트폰을 확인한다. 심지어 계속해서 스마트폰으로 자료를 주고받느라 서로 눈도 안 마주치고 회의를 하기도 한다. 긍정적이냐 부정적이냐를 떠나서 심오한 변화임에 틀림없다.

얼마 전 '시리'가 자폐증 아들의 사회 적응에 도움이 되었다는 책에 관한 소개를 흥미롭게 살펴본 바 있다.* 우리 아이도 한때 '시리'와 노는 것을 좋아했다. 비록 "멍개 똥꼬 멍개 똥꼬 방구 똥 방구 똥……" 같은 더러운 주문의 무한 반복이라 시리에게 미안한 마음이 크지만, 아무튼 누군가 자기 말이 얼마나 말이 안 되든 그렇게 꼬박꼬박 열심히 답을 해주는 것 자체가 아이들에게는 호감을 주는 듯하다. 또 몇 년 전부터 친구나 사촌의 집에 있는 인공지능 스피커들을 부러워하던 아이는 행사에서 사은품으로 '누구'를 받은 뒤 한동안 열심히 부려먹었다. "책 읽어줘~" "춤추기 좋은 노래 틀어줘~" 시키는 대로 최선을 다해 실행하는(실패율이 상당히 높긴 하지만) 스피커가 외동아이들에게 달팽이나 물고기보다 친근한 존재가 되는 날이 곧 올지도 모르겠다.

아이들의 인터넷 사용 시간에서 압도적 1위를 차지하는 유튜브이지만, 그 뒤를 잇는 카카오톡의 사용 시간 역시 만만치 않다.♣♣ 초등학교 고학년 학생들 중 많은 수가 새벽까지 카톡 대화를 하느라 만성 수면 부족에 시달린다고 한다. 외로울 틈이 없는 아이들, 심심할 틈이 없는 아이들이 만들어가는, 우정과 관계에 대한 새로운 개념이 궁금하다.

♣ 『To Siri With Love』, 2017년 8월 22일 미국에서 출간된 책으로, 『뉴욕타임스』 '2017 주목할 만한 책'에 선정되었다.

♣♣ 2017년 12월 와이즈앱이 안드로이드 사용자 2만 3천여 명을 대상으로 조사한 세대별 앱 사용 시간에서 10대는 다른 모든 앱을 합한 것보다 유튜브 사용 시간이 압도적으로 많았다. 유튜브 사용 시간은 129백만 시간으로 2위 카카오톡(43백만 시간), 3위 페이스북(23백만 시간)보다 압도적으로 많다. 또 2017년 3월에 나온 조사(닐슨코리안클릭)에 따르면 10대가 가장 오래 사용하는 앱은 역시 유튜브로 그 사용 시간이 2위인 카카오톡에 비해 월등히 높은 56.9분에 이른다고 한다.

요즘 아이들은 아주 어려서부터 유튜브 크리에이터들의 방송을 즐겨보며, 자신의 일거수일투족을 찍어 유튜브나 인스타그램에 업로드하는 데 익숙하다. 오늘도 유튜브에는 거의 편집을 거치지 않은 날것의 삶의 장면들이 차곡차곡 쌓이고 있고, 이 회사는 그 엄청난 서버 비용을 감당하느라 적자폭을 늘려가고 있다고 한다.(물론 이 역시 회사의 전략적인 선택이겠지만.) 이 아이들은 프라이버시의 개념 자체가 이전 세대와 다르다. 이들은 검색을 하기 위해 사전은커녕 포털도 열지 않고 곧바로 유튜브 앱을 연다.('구글링'이라는 단어가 사전에 등재된 것이 엊그제 같은데,♣♣♣ 이제 다시 삭제해야 할 때가 온 것인가?)

배움과 학습의 개념도 다르다. 아예 학습해야 할 정보의 개념이 다르다고 해야 할까. 사실 최근에는 온라인 학습을 필수 과제로 제시하는 학원들도 많고 교육용 애플리케이션을 사용할 일도 많고 어학 공부를 위해 유튜브나 넷플릭스를 이용하는 경우도 많다. 전자화된 기기를 사용하거나 온라인에 접속하지 않고는 기초적인 학습조차 진행할 수 없는 시대가 온 것이다.

♣♣♣ 구글링(Googling)은 2006년 『마리엄웹스터사전』(Mariam Webster College Dictionary)과 『옥스퍼드 영어사전』(Oxford English Dictionary)에 동시에 등재되었다. 또 앞서 2002년에는 미국방언협회(American Dialect Society)에서 '올해의 단어' 중 두 번째로 중요한 단어로 선정했고, 2003년에는 '검색하다'는 뜻의 동사로 공식 인정했다고 한다.

그럼에도 최고의
가능성을 지닌
아 이 들

이쯤에서 쓰기와 읽기를 통한 전통적인 의사소통에 대해서 생각해본다. 책은 그중에서도 가장 밀도가 높고 정련된 매체이다. 당연히 훈련을 필요로 한다. 근대의 공교육은 바로 이런 대중들의 소통 능력을 함양하기 위해 만들어졌다고 해도 과언이 아니다. 근대의 모든 시스템은 시민, 대중의 소통 능력을 기본으로 해서 작동한다. 근대의 지적인 사유, 독창적인 사유는 거의 읽고 쓰기를 통해 이루어져왔다고 할 수 있으리라.

　그렇다면 인쇄매체들의 활용이 점점 줄어들고 새로운 매체가 끊임없이 탄생하는 이런 추세에서, 미래의 공식적인 소통은 어떻게 바뀌게 될까? 다양한 기술적인 시도들이 읽기와 쓰기의 근간을 흔드는 심오한 변화를 가져올 것인가, 아니면 이전의 '목소리'와 '화면' 기반 매체들처럼 결국은 읽고 쓰기를 보완하는 데 기여할 것인가. 신문, 잡지, 영화, 라디오, TV의 발달은 항상 사람들이 생각하는 방식을 바꾸어왔지만♣ 최근의 테크놀로지가 '유저'를 움직이는 방식에는 확실히 좀더 근본적이고 좀더 광범하고 좀더 불길한 지점이 있다.

그럼에도 불구하고 부인할 수 없는 사실은, 현재의 어린이와 청소년들이 얼마나 다양하고 기상천외한 기술 문화를 경험하건, 이 아이들이야말로 책을 가장 많이 소비하는 집단이라는 점이다. 아무리 어린이책 시장의 규모가 줄어들고 어린이책 산업이 내리막길을 걷고 있다고 하더라도, 여전히 오늘날 (참고서와 학습물을 포함해) 책을 가장 많이 접하는 연령대는 1990년대 후반 이후 출생한 어린이와 청소년들이다.

♣ 심지어 오래전 소크라테스는 '글쓰기'라는 새로운 소통 방식이 사람들의 사유 능력을 떨어뜨릴 것을 걱정했다고 한다. "학습자의 영혼에 건망증을 안겨줄 것이다. 기억을 쓰지 않게 될 것이기 때문이다. 학습자는 외부에 적힌 글자들을 신뢰할 것이고 스스로 떠올리지 않을 것이다. (…) 그들은 많은 것을 듣겠지만, 배우는 것은 전혀 없을 것이다. 그들은 박식한 듯 보이겠지만, 대개 아무것도 모를 것이다. 그들은 실체 없는 지혜를 보여주는 지루한 무리가 될 것이다."(『마인드 체인지』, 북라이프, 2015, 329쪽에서 재인용)
당연히 글쓰기 이전 소크라테스가 했던 방식의 사유는 오늘날 우리가 하는 사유(글을 통해서, 심지어 손으로 쓰는 것이 아닌 워드프로세서를 통해서 하는 사유)와는 근본적으로 다를 것이다. 그런 점에서 글쓰기가 가져온 폐해도 틀림없이 존재했으리라. 하지만 그 후 2500년 동안 글쓰기가 인간의 문명을 얼마나 발전시켜왔는가 하는 것은 내가 여기 굳이 적지 않아도 모두들 알고 계시리라 믿는다.

특히 1990년대 후반부터 국내에 활발하게 소개되기 시작한 세계적인 어린이책의 자극을 받아 2000년대 초중반에는 한국 창작 어린이책도 가장 왕성하게 개발되고 생산되었다. 지금의 0세~10대는 역사상 가장 '고퀄' 그림책들의 세례를 흠뻑 받고 자라난(자라날) 세대다.

근 40년이나 차이가 나는 나와 우리 딸도 책 보는 취향은 비슷하다. 보편적인 이야기의 매력은 이들에게도 통한다. 보편적인 그림의 매력은 세대를 초월한다. 이런 이야기와 그림들을 내가 어려서 이렇게 많이 보고 자랐다면, 나는 지금보다 훨씬 더 훌륭한 편집자가 되었으리라고 '거의' 확신한다. 게다가 이 세대의 아이들은 근대적인 교육 시스템의 최전성기를 경험한 아이들이기도 하다. 이제까지 존재했던 어떤 세대보다 높은 수준의 교육을 받고 있고, 가정과 사회에서조차 가장 문명화된 수준의 인성 교육, 시민 교육을 받으며 자라난 세대이다.

전통과 새로움이 부딪치고 협상하는 곳에서 우리 아이들, 미래의 아이들은 아마도 새로운 방식으로 사유하고 소통하고 표현하게 될 것이다. 그리고 그런 활동들 중의 일부가 어떤 식으로든 인간의 정신과 영혼을 고양시키는 데에 기여하게 되리라. 그것이 어떤 방식인지 모르지만 우리는 또 응원하고 기대하는 역할에 충실해야 하지 않을까.

돈만 내면 무엇이든지 내가 선택하고 고를 수 있다는 것.
이런 압도적이고 강력한 메시지 속에서
부모의 목소리는 점점 더 초라해지고
작아지는 게 아닌가 하는 두려움을 느낀다.

나의 어린 시절과 비교도 할 수 없이
강력해진 광고의 홍수 속에서
아이들은 어떤 취향과 가치관을 지니게 될까?

14

딸과 아들,
여성성과
남성성

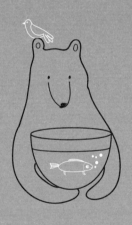

여　성　과
남　성　은
정 말　다 른 가

여성과 남성이 생물학적인 차이 때문에 차별받아서는 안 되며, 다양한 차이에도 불구하고 모든 인간은 동등하게 대우받아야 한다는 상식을 나는 처음 배운 그 순간부터 단 한 번도 불신해본 적이 없다. 온갖 사건들을 겪으면서도 그것은 비상식, 몰상식의 예외적인 순간일 뿐 조금도 내 믿음을 흔들지 못했다.

　그런데 아이를 낳고 이러한 상식과 믿음이 흔들리기 시작했다. 우선 아이에 대한 엄마와 아빠의 책임의 무게가 현저히 다르다는 사실을 몸소 깨달았다. 충격적이었다. 똑같이 사회생활을 하고 똑같이 부모가 되어 아이를 키우는데, 엄마가 사회생활에서 더 포기해야 할 것이 많다는 사실도 깨달았다. 분노에 휩싸였다. 40여 년을 수많은 사람들과 경쟁하고 협력하며 살아오면서 이렇게 불공정하고 불공평한 차이를 온몸으로 수용하기를 강요받아본 적이 없었다. 하지만 납득이 되건 말건, 결국 나는 살아남기 위해 이런 불균등을 수용할 수밖에 없었다. 내가 엄마가 되면서 다시 태어난 과정은 바로 이 불균등을 견뎌내고 수용하고 조율해야 했던, 괴롭고도 놀라운 과정이었다고 요약해도 크게 무리가 없을 것 같다.

게다가 아이를 키워보니 아이들에게서 성별에 따른, 무시할 수 없는 성격 차이가 관찰되었다. 거듭 선입견을 제거하고 비판적으로 필터를 가동시켜보지만, 아이들의 사회화가 진행될수록 두 성별 간 경향성의 차이가 뚜렷이 눈에 띈다.♣

몇 가지를 구체적으로 추려보자면, 대체로 남자아이들이 여자아이들보다 신체 활동이 크고 주변 사람들의 생각이나 의도에

♣ 이런 대목에서는 기존의 양육에 관한 연구와 이론들을 비판적으로 검토하는 『양육가설』의 해석이 꽤나 도움이 되었다. "아이들의 남녀관은 여전히 구시대적이다. 어른들의 생각은 바뀌고 있지만 우리 아이들은 그렇지 않다. 지난 세기 동안 어른들의 문화는 성평등을 향해 가고 있었지만 아이들은 여전히 성차별적이다."(321쪽) "성별 간 차이는 생후 10년에 걸쳐 꾸준히 벌어진다. 그에 따라 상대 성별에 대한 적개심도 강해진다. 남자아이들은 '여자는 가라'라고 쓴 팻말을 내건다. 여자아이들도 똑같이 노골적으로 자기들의 동맹을 과시한다."(322쪽) 저자인 주디스 리치 해리스에 따르면 이런 차이는 성별이 인간의 가장 기초적이고 중요한 범주에 해당하기 때문이다. 아이들은 우선 세상을 아이와 어른으로 구별하지만, 그다음으로는 여성과 남성으로 구별한다는 것이다. 아이들은 이 기초적 범주에 대해 데이터를 수집해 상호 간 통계적 차이를 발견하고 자기가 속한 범주에 호감을 갖게 된다.

크게 개의치 않는다. 엄마들은 활발한 아이가 기관에서 또는 학교에서 행동을 통제하지 못해서 지적을 받을까 봐 노심초사하기도 한다.♣♣ 남자아이들은 서열과 지배관계의 게임에 적극적으로 가담하며 여자아이들은 그보다는 주변과의 소통과 감정적 교류에 관심을 보인다.

한편 주변 사건에 섬세하고 복잡하게 감정적 의미를 부여하지 않는 것은 남자아이들의 미덕으로 회자되기도 한다. 딸들의 그런 경향이 부모의 정신적 에너지를 갉아먹는 주범이기 때문이다. 더불어 칭찬받고 싶고 잘하고 싶어서 스스로를 괴롭히기까지 하는 완벽주의적 성향은 여자아이들에게서 더 많이 나타난다. 우울감 자체도 여자 아이들에게서 더 많이 경험된다고 알려져 있다.♣♣♣

물론 여성적이거나 남성적이라고 말할 때 우리는 매우 신중해야 한다. 그것이 존재하지 않는 차이를 말하기 때문이 아니라, 그것이 역사적으로 많은 고통을 야기해온 어떤 구조를 공고히 하는 방식으로 발화되면 안 되기 때문이다. 가령 나는 살아오면

♣ 행동과잉이나 산만함을 교정하기 위한 다양한 치료와 훈련
♣ 을 받는 아이들 중에는 남자아이들이 여자아이들보다 압도적으로 더 많다. 어느 접근 가능한 연구에서 이런 문제로 병원을 내원한 총 환자 수는 1,432명이었으며 이들 가운데 590명(41.2%)이 ADHD로 진단되었는데, 남자는 501명으로 35.0%, 여자는 89명으로 6.2%였다(Table 1).

서 '여성적'이라는 말을 종종 들었는데(물론 여성적이지 않다는 말도 많이 들었다), 가장 문제적으로 각인된 사례는 다음과 같은 것이다. 대학 신입생 시절 교양 수업 시간에 발표를 마치고 났더니 교수가 나에게 발표의 기본이 안 되어 있다고 지적하며, (그냥 목소리를 키우고 조금 더 씩씩하게 발표하라고 했으면 좋았을 것을) "여성적인 굴레를 벗으라!"라고 외쳤던 것이다. 그때 들었던 '여성적'이라는 표현은 '부끄러움'의 경험과 맞닿아 있는 것이었다. 비슷한 경험들이 쌓여서 나는 '여성적'이라는 표현을 뭔가 극복해야 할 특징을 나타내는 말로 이해하게 되었다. 머리가 아니라 마음과 몸이 그렇게 반응하게 된 것이다.

♣ "유년기에 여자아이는 자기들만의 집단을 형성하여 남자아이들의 지배를 피한다.
♣ 그러던 여자아이들이 생물학적으로 열세 살이 되면 남자아이들과 교류하고 싶어한
♣ 다. 여자아이들이 교류하고 싶어하는 남자아이들은 엄마 품을 벗어난 이후로 줄곧 타인에게 지배력을 행사하는 기술을 익혔다. 이런 상대를 마주한다는 건 별로 유쾌한 기분은 아닐 것이다. 몸집이 비슷하거나 작은 상대라도 말이다. 그런데 어라, 이젠 그 꼬마 남자애들이 우리보다 더 빠르게 커지고 있잖아!"(348쪽)
해리스는 여자아이들이 사춘기 시절 마주하게 되는 성별 간 권력을 다루는 태도의 차이와 자존감의 하락 그리고 우울감을 연결해서 설명한다. "우울증은 청소년기가 시작할 무렵부터는 남자보다 여자에게 더 많이 나타난다. 이 시기에 여자아이의 자존감이 낮아지는 것은 우울증의 원인이라기보다는 결과일 수 있다."(349쪽)

문명화와 여성화,
현대 여자 사람의
곤 란 한 　 상 황

그렇다면 이런 차이는 도대체 왜 생겨난 걸까? 왜 대체로 여성들은 조용하고도 세심하게 주변을 살피고 배려하고 소통하는 걸까? 그리고 이런 특성은 좋은 것인데 왜 '공적'인 공간에서는 크게 인정을 받지 못하는 걸까? 어쨌거나 여성스러운 아이들에게 '남성적'인 태도를 어떻게, 얼마나 가르쳐야 할 것인가? 거꾸로 '활동적인' 남자아이들에게 얌전히 앉아서 조곤조곤 말하는 법을 가르치는 일은 가능하거나 바람직한 것일까? 이렇게 다른 아이들이 어떻게 친밀함을 쌓아올릴 수 있을까? 어른들은 어디까지 문화와 관습을 거슬러 개입할 수 있을까? 질문들이 끝없이 꼬리를 물고 떠오른다.

여성과 남성의 차이에 대해서 설명하는 다양한 분야의 담론들이 있지만, 최근에 가장 인기가 있는 담론은 진화생물학과 뇌과학 차원에서의 설명들이다. 거칠게 요약하자면, 구석기 시대 이래 수렵 중 맞이할 수밖에 없는 위기의 순간에 '저항 혹은 도피' 반응을 촉진해야 하는 남성들의 뇌는, 집단적으로 거주지에 머물며 아이들을 돌보아야 하는 '의사소통' 중심의 여성들의 뇌와 다르게 프로그래밍되어 있다는 설명이다. 수천 년의 세월이 흐르고 인간의 삶이 고도로 문명화되는 동안에도 인간의 뇌는 크게 변하지 않았다. 다르게 프로그래밍된 여성과 남성의 뇌도 크게 변하지 않았다.♣

나는 문명화된 사회에서는 그 어떤 성에게나 '의사소통' 기술이, 상대가 나보다 센지 약한지 동물적으로 간파하고 대응하는 능력보다 더 효용이 높다고 믿는 편이다. 우리는 많은 분야에서 뛰

♣ 로빈 던바는 『던바의 수』에서 진화론적 관점에서 여러 연구들을 인용해 성별 간 차이에 대해 다음과 같이 정리한다. 한 종 내의 신피질 크기가 그 집단 내 암컷의 수와 연관성이 있다면 대뇌변연계의 크기는 그 집단 내 수컷의 수와 연관성이 크다. 그러므로 암컷의 경우 사교적 기술(신피질과 관련 있음)이 중요하고(번식 성공도에 큰 영향을 미치고) 수컷의 경우 끝까지 맞서 싸우는 근성이 중요하다(번식 성공도에 큰 영향을 미친다)고 말할 수 있다.

"수컷에게 필요한 것은 작은 대뇌신피질과 커다란 대뇌변연계다. 생존을 위해 싸워야 한다면 일단 상대를 때려눕힌 다음 생각하는 것이 상책이다. 실제로 암컷의 경우 신피질 조절 능력이 뛰어난 개체들이 승부에서 승리했다. 암컷에게는 사교적 기술이 더 중요하기 때문이다. 반면 수컷의 경우 변연계 조절 능력이 뛰어난 개체들이 승리했다. 싸움에서 생각을 너무 많이 하는 것은 아무런 도움이 되지 않기 때문이다."(32쪽)

어난 학습 능력을 바탕으로 뛰어난 성취를 보이는 여성들이 점점 늘어나는 현상을 목격하고 있다. 하지만 인간 사회가 아무리 문명화되었다고 해도, 인간은 결국 동물이고 인간 사회도 동물들의 사회와 크게 다르지 않다는 점을 간과해서도 안 될 것이다.

현대 여자 사람의 모든 비극은 여기서 시작되는 것 같다. 조금 더 복잡하며 관계 중심적인 여성의 뇌와 조금 더 단순하며 권력적인 남성의 뇌의 이 간극을 우리는 어떻게 좁힐 수 있을 것인가.(내가 최대한 가치판단 없이 차이를 설명하기 위해 단어 선택에 신중을 기하고 있다는 점을 알아주시기 바란다. 그럼에도 불구하고, 이렇게 무색무취한 단어들을 고르고 골라서 사용해도, 일반화하는 서술이 불쾌하다고 느끼는 남성 독자들이 있을 수 있으리라. 그렇다면 '스테레오타입의 문제는 정확성이 아니라 경직성'이라는 해리스의 말을 돌려드리고 싶다.♣♣ 당신과 같은 예외는 충분히 많이 존재한다. 하지만 그렇다고 해서 평균적인 성향이 없다고 말할 수는 없다.)

♣ 해리스에 따르면, 집단사회화가 가장 중요한 시기인 유년기 중반(여섯 살에서 열두
♣ 살)에는 성별 간 차이에 대한 완고한 태도가 점점 강화된다. 이것이 스테레오타입인 것은 맞지만, 스테레오타입의 문제는 부정확성이 아니다. 아이들이 인지하는 성별 간 차이는 실제 과학적인 데이터를 통해 수집된 연구 결과와 대단히 일치한다. '스테레오타입의 문제는 경직성'이다. 이런 인지 능력은 평균 간 차이를 파악하는 데에는 뛰어나지만 집단 내 다양성을 파악하는 능력은 부족하다는 것이다. 성별 범주가 지나치게 부각되는 상황을 막으려면 오히려 성별 집단 간 상호작용을 완전히 차단하든가(여학교 혹은 남학교의 경우), 아니면 집단의 규모를 아주 낮은 수준까지 끌어내려 개인성이 드러나게 만들어야 한다는 대목도 설득력이 있다.

한편으로 생각해보면 이렇다. 산만하고 몸을 크게 움직이는 것이 꼭 나쁜 일인가? 뒤에 이어질 반응을 머리로 예측하는 대신 직접 몸을 움직여 탐험해보고 알아차리는 것이 꼭 나쁜 일인가? 교실 안에서 앉아서 학습을 하는 데에는 도움이 되지 않는 장점일지 모르지만, 익숙하지 않고 통제되지 않는 미지의 공간에서 활동하는 데에는 더없이 중요한 능력이 아닌가? 그렇다면 아이를 교실에 가두는 문화가 나쁜가, 아니면 교실에 갇혀 있기를 거부하는 아이가 나쁜가? 우리는 현대의 교육이 점점 더 아이들을 '여성화'하는 방식으로 이루어지는 것 아닌가 하는 물음에 대해서도 함께 생각해봐야 하리라.(따옴표를 친 '여성화'라는 사실을 주지할 것. 당연히 여성들이 교실에 갇혀 있기를 원한다는 뜻이 아니라, 여성에 대해 사회가 부과했던 틀을 모든 아이들에게로 확대 적용하려는 것이 아닌가라는 의미다.)

분　　노　　의
덫　　에　　서
빠　져　나　오　기

최근 몇 년 사이에 전사회적인 성인지(gender perspective) 감수성이 높아지면서, 성 불평등이나 폭력에 대한 문제 제기가 다양하게 이루어지고 있다. 이전에는 눈에 보이지 않던 고통들, 말할 수 없었던 피해들이 더 많이 가시화되고 언어화되는 중이다. 데이트 폭력, 리벤지 포르노, 불법 촬영…… 같은 사례들에 계속해서 노출되는 것은 괴로운 일이지만 이는 사회 전체의 구성원에게 꼭 필요한 과정이라고 생각한다. 개인의 삶에서와 마찬가지로 사회적 차원에서도, 갈등을 의식의 수면 아래 감추어두는 것보다는 갈등을 표면화하는 것이 결국은 우리를 한 발 더 앞으로 나아가게 할 것이기 때문이다.

204

내 경우에 이런 사례들을 접할 때 모든 감정 중에서 가장 강력한 감정을 느끼는 듯하다. 이때의 분노는 위로 솟구쳐 올라서 화산처럼 분출하는 분노가 아니다. 하데스가 자신의 딸 페르세포네를 강간하고 지하세계로 데려간 것을 확인했을 때 데메테르가 느꼈던 분노이다. 이것은 땅 위의 모든 것을 말라죽게 만들고 이 세상의 모든 생명을 위협하는 가장 근본적이고 거대한 종류의 분노다. 이것은 신(그것도 가장 원형적인 형태에 가까운 대지의 여신)의 분노이고, 집단적인 분노이고, 수천 년 동안 여성들을 통해 전해져 내려온 역사적인 분노이기도 하다.

그녀는 신전 안에 자리 잡고 앉아 오로지 납치된 딸 생각에 비탄에 잠겨 꼼짝도 하지 않은 채 은혜를 베푸는 일도 마다 하였다. 그 때문에 아무것도 땅에서 자랄 수가 없었고, 어떠한 생명도 태어날 수가 없었다. 가뭄이 인류를 멸망시키려는 듯이 위협하였고 올림피아 신들을 위해서 바칠 제물들과 희생양들도 모자라게 되었다.

드디어 제우스가 나섰다. 그는 처음에는 사자인 아이리스를 데메테르에게 보내 회유하도록 하였다. 그러나 데메테르가 꼼짝도 하지 않자 모든 올림피아의 신들이 번갈아 그녀에게 와서 선물을 바치면서 경외하였다. 데메테르는 전혀 화를 풀지 않고, 페르세포네가 자기에게 돌아올 때까지 절대로 올림푸스 산에서 한 발자국도 내디디지 않을 것이며 어떤 것도 자라게 하지 않을 것임을 명확히 했다. (『우리 속에 있는 여신들』, 진 시노다 볼린, 또하나의문화, 구판 183쪽, 2003)

나는 세상의 수많은 고통들 중에서도 특히 가부장제하에서 고통받는 여성이나 아이들의 이야기를 접할 때마다 거의 데메테르와 접신을 한 듯한, 나보다 훨씬 더 큰 분노를 느끼는데, 이 분노의 순간들이 더 나은 사회를 만들고 더 나은 삶을 사는 데에 큰 에너지를 제공해왔음을 잘 알고 있다. 이 분노의 감정을 공유하는 이들과의 강한 연대야말로 나의 사회적 관심에서 가장 큰 부분을 차지한다.

아이를 낳고서도 이 원형적인 여신의 원형적인 감정이 나와 아이를 보호하는 데 큰 힘이 된 것이 사실이다. 아마도 그 때문에 나는 최근 몇 년 동안, 학대받은 아이의 사건이라든가 혼자서 가부장제의 가혹한 조건 속에서도 아이를 낳고 키우는 것을 포기하지 않는 여성들의 이야기를 열심히 찾아 읽고 눈물을 흘리며 분노의 에너지를 긁어모아온 것인지도 모르겠다.(나는 아이를 낳은 뒤에 이런 사연들을 찾아내 수십 번 수백 번씩 곱씹는 버릇이 생겼다.)

하지만 아이를 더 키우다 보니 분노를 연료로 하는 행동의 지속 가능성에 대해 더 오래 생각하게 되기도 한다. 접신한 순간의 과장된 나는 내가 아니라는 사실을 깨닫게 되었다고 해야 할까.

문장으로 쓰니 매우 싱겁지만, 그렇게 추상적으로 깨달은 것이
아니라, 몸으로 부딪친 수많은 사건 사고들을 관통해왔다는 점
을 부연하고 싶다. 특히 내 딸이 어른으로 스스로 성장하는 것을
방해하지 않으려면, 내가 이 중독적일 정도로 강렬한 감정에서
빠져나와야 하는 것이 아닐까 하는 데 생각이 미치고 있다.

　내가 성에 대해 이렇게 긴장되고 경직된 관점을 고수한다면,
아이에게 어떻게 성을 자연스럽게 대하라고 가르칠 수 있을까.
이것이 요즈음 나의 문제의식이다. 성의 권력적인 측면에 대해
집중하고 분노하는 사이 내가 뭔가를 또 잃어버리고 있는 것은
아닐까. 성적 수치심과 성적 폭력에 대해서 가르치는 일이 성적
인 차이를 자연스럽고도 신비로운 것으로 이해하는 일을 방해하
지 않도록 하려면 어떻게 해야 할까? 각각의 성은 고유한 기능과
역할을 갖지만 협력해서 또 어떤 놀라운 일들을 만들어내는지
아이들이 경외감을 가지고 잘 이해할 수 있도록 하려면 어떻게
해야 할까? 성별에 따른 차별이나 성(별)을 이용한 폭력이 얼마
나 나쁘고 불쾌한 일인지 주입식으로 암기시키는 것이 아니라,
아이들이 온몸과 마음으로 온전히 이해하도록 하려면 어떻게 해
야 할까? 우리가 아이들에게 '성'과 '성별'을 가르친다고 할 때는
근본적으로 이런 이해와 수용을 이끌어내는 것이 목적이 되어야
하지 않을까.

　'성별'에 따른 차이가 차별이 되고, '성'을 간단하게 사고팔 수

있는 사회에서 아이들은 부모와 학교의 영향력에 앞서 다양한 매체와 문화나 사회 같은 근본적인 구조의 영향을 받는 것이 사실이다. 부모는 그 무력하게 느껴질 정도로 거대한 힘에 맞서서 아이들이 성에 대해 건강한 의식을 갖고, 건강한 성 정체성을 형성할 수 있도록 독려해야 하는 어려운 과제를 안고 있다. 이런 과제가 현실적으로 해결 가능한가 불가능한가를 묻고 따지기보다, 부모와 사회의 어른들이 그것을 자신들의 과제로 진지하게 받아들여야 한다고 믿는다.

한편으로 이 모든 혼란과 곤란 속에서도 나는 근본적으로 낙관적인 관점을 견지하고 있다. 우선 나는 남성/여성 같은 범주적 지식이 매우 기초적인 단계의 지식이라고 생각한다. 우리가 집단적으로 사고할 때, 평균적으로 사고할 때, 양적으로 사고할 때, 우리는 이런 기초적인 범주에 가장 많이 기대서 생각하고 말하고 행동하게 된다. 특정 개인이나 사회에 이런 현상이 과도할 때, 우리는 그 개인이나 사회가 조금 더 '고유성'과 '개인성'에 집중하도록 만들려고 노력해야 할 것이다. 앞서도 잠시 언급했지만, 깊이 생각하는 것, 깊이 읽는 것, 깊이 쓰는 것, 나아가 타인과 깊이 관계 맺는 것이야말로 가장 좋은 방법이라고 믿는다. 그렇게 함으로써 인간이 인간을 다양한 범주적 차이에도 불구하고 서로를 조금 더 고유한 개인으로 대할 수 있으리라고 믿는다.

나아가 SF를 뛰어넘는 상상을 해보자면(이것은 양육의 오르막길이 나에게 선사해준 상상력이다), 나는 우리의 아이들이 우리보다 조금 더 문명화된 인간으로 진화하리라고 생각한다. 우리가 그랬던 것처럼, 아이들은 조금 더 중성적이고 조금 더 양성적인 인간으로 자라날 것이다. 이들은 집단성과 개인성에 있어 새로운 개념과 새로운 균형을 만들어내게 될 것이다. 사회와 문화도 그와 발을 맞춰 나란히 변화할 것이고, 새로운 관계와 윤리와 감수성이 생겨나리라. 그 변화에 대해 가치 평가를 할 능력이 나에게는, 우리 세대에게는 없다. 다만 그것이 조금 더 고차원적인 형태이리라는 점에 나는 추호도 의심이 없다. 또 그것이 만들어낼 고유한 문제를 극복하기 위해 그 다음 세대는 또 다시 변화하리라고 믿는다.

성적 수치심과 성적 폭력에 대해서 가르치는 일이
성적인 차이를
자연스럽고도 신비로운 것으로 이해하는 일을
방해하지 않도록 하려면

어 떻 게 해 야 할 까?

각각의 성은 고유한 기능과 역할을 갖지만
협력해서 또 어떤 놀라운 일들을 만들어내는지
아이들이 경외감을 가지고 잘 이해할 수 있도록 하려면

어 떻 게 해 야 할 까?

성별에 따른 차별이나 성(별)을 이용한 폭력이
얼마나 나쁘고 불쾌한 일인지
아이들이 온몸과 마음으로 온전히 이해하도록 하려면

어 떻 게 해 야 할 까?

15

산만한
정신의
중요성

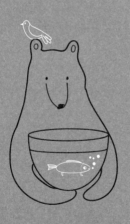

온종일 한 번도 집 걱정을 안 했었다는 데 생각이 미치면서 매우 기묘한 느낌을 맛보았다. 첫애라 더했겠지만 자나 깨나 한시 반시 마음을 놓지 못하고 골몰했던 엄마 노릇에서 그렇게 완벽하게 놓여나게 한 게 다름 아닌 화투놀이의 매혹이었다는 게 문득 나를 어리둥절하게 했다. (…) 나중에야 알았지만 그 섬뜩한 건 예감이었다. 내가 집을 비운 동안에 아장아장 걸음마를 하던 첫애가 끓는 물주전자를 들어엎어 다리에 심한 화상을 입고 병원에서 응급조치를 받고 있었다. (…)

신기할 건 아무것도 없었다. 집안의 안전을 다스리는 사람이 없는 사이를 틈타는 게 사고의 속성일 뿐이었다.

그 섬뜩한 건 핏줄 사이에만 있는 신비한 끈과 관계가 있다기보다는 내 철저한 방심과 더 깊은 관계가 있음직했다. 집안일에 대한 일시적인 방심은 나 자신만의 일이나 재미에 대한 몰두를 뜻하기도 했고, 그런 모처럼의 이기에서 헤어났을 때, 한 집안의 안주인 노릇만을 숭상했던 평소의 의식이 느낄 수 있는 가책과 당황이 그런 섬뜩한 이물감으로 와닿았다고 생각하는 게 훨씬 지당하고도 속 편했다. (「엄마의 말뚝 2」, 84~87쪽)

- 박완서, 『엄마의 말뚝』(세계사, 2012) 중에서

돌   보   는
정   신   의
기   본   상   태

이 책을 통해 내가 이루고자 하는 목표 중 하나는, '돌봄'이 인간의 성장, 자아의 성장에 도움이 되는 매력적인 일임을 설득하는 것이다. (이제껏 나만 모르고 세상 사람들은 다 알고 있었던 것 같기는 하지만, 그래도 어디엔가 존재할, 나와 비슷한 누군가를 생각하며 글을 쓴다.) '돌봄'의 어려움, 특히 그것이 성역할로 강제되는 상황의 부당함을 지적하는 목소리에 우리 사회는 더 활짝 귀를 열고, 더 쫑긋 귀를 기울여야 할 것이다. 하지만 부족하거나 왜곡된 정보로 '돌봄'을 자신의 삶과 무관하다고 생각해온 사람들을 참여시키려면 당근도 필요하지 않을까. 이 글이 정직하게 맛있는 당근 역할도 담당해볼 수 있기를 꿈꾼다.

'돌봄'이 섬세한 관찰력과 기민한 대응 능력, 유연하고 창의적인 문제 해결 능력을 필요로 하는 고도의 정신 작업이라는 것이 나의 확고한 신념이지만, '돌봄'이 지적인 활동으로만 이루어져 있을 리는 만무하다. 게다가 더 중요한 사실은 아이를 돌볼 때의 정신적 활동은 우리가 학교나 직장에서 독려받는 정신적 활동과 미묘하게 다르다는 점이다. 바로 이 중요하지만 간과되어온 지점에 대해 써보려고 한다.

이것은 특히 양육과 일, 양육과 공부를 양립하고자 하는 나 같은 사람에게 중요한 주제다. 직장에서 퇴근해서 집으로 출근하면 아이는 하루 종일 기다린 부모(대체로 엄마)를 만끽하고자 한다. 저녁식사도 미루어두고 아이와 살을 맞대고 수다를 떨고 나서야(주로 아이의 수다를 들어주는 쪽이겠지만) 부모는 식사를 할 수 있을 것이다. 대체로는 서둘러 식사를 마치고 다시 아이가 제안하는 놀이에 참여해야 하겠지만, 운이 좋은 어떤 날에는 아이가 부모와의 짧은 상봉 의례 후 스스로의 놀이에 빠져들기도 한다. 그러면 밀린 가사 일도 할 수 있고, 스마트폰이나 TV를 보며 휴식을 취할 수도 있고, 조금 욕심을 내면 책을 읽거나 심지어 밀린 업무를 볼 수도 있을 것 같은, 그런 꿈 같은 시간이 오기도 하는 것이다.

그런데 바로 이때 부모가 너무 성급하게 야심을 품으면, 아이들은 귀신같이 알아채고 부모를 방해한다. 갑자기 달려와서 자기 학생이 되어 가르침을 받으라거나, 자기가 한 요리를 먹어보라거나, 자기가 팔고 있는 물건을 사 가라며, 부모를 놀이로 끌어들인다. 아이들은 자신들이 혼자 노는 동안 부모가 침대나 소파에 늘어져서 스마트폰을 들여다보는 것은 용납하지만, 정좌를 하고 앉아서 책을 읽거나 명상하는 것을 용납하지는 않는다. 『우리 속에 있는 여신들』의 저자 진 시노다 볼린 할머니가 말씀하시듯, 이런 면에서 아이들의 '촉'은 매우 민감하다.

> 내가 겨우 기저귀를 뗀 아이 둘을 데리고 있을 때, 내 태도는 자연히 분산된 의식의 상태로 바뀌면서 아이들로 향하게 됨을 알았다. 내가 아이들과 같이 있을 때, 내 마음은 거의 항상 아이들에게 향해 있으며, 수용적인 자세를 갖추면서 정신을 집중하기가 어려웠다. 내가 이런 태도를 바꾸고 아이들이 아닌 다른 일에 의도적으로 집중하려고 할 때는 아이들이 반드시 나를 방해한다는 것을 알게 되었다. (구판 146쪽)

집　　중　　과
분　　산　　의
바　이　링　구　얼

집중에서 분산으로, 분산에서 다시 집중으로. 이런 정신적인 모드 전환은 쉬운 일이 아니다. 자유로운 모드 전환의 압박이야말로 현대의 양육에서 가장 미치고 팔짝 뛸 것 같은 부분이다. 나는 이 모드 전환에 어느 정도 익숙해지기까지 3~4년 이상이 걸렸다. (그사이의 삶이 얼마나 혼란스럽고 뒤죽박죽이었을지, 잠시 눈물 좀 닦고 오는 동안 상상해보시길 부탁드린다.)

　　일과 양육을 양립한다는 것은 바로 이런 두 종류의 이질적인 정신 활동에 익숙해진다는 것, 전혀 다른 구조의 두 언어에 바이링구얼이 되어 상황에 따라 자유자재로 구사한다는 뜻이다.

　　아이들이 가장 좋아하는 환경은 자신이 신뢰하는 양육자가 적당한 거리에서 적당한 관심으로 지켜보는 와중에 자신의 놀이나 탐험에 몰두할 수 있는 환경이다. 이것은 아이가 엄마의 자궁에서 느끼는 안정감과도 연관이 있을 것이다. 아이들은 "분산된 의식의 은은한 조명"을 받으며 자신의 관심에 주의를 집중하려고 하는 존재다. 내가 보기에 집중된 의식은 분산된 의식의 보호 아래에서 가장 잘 작동한다. 누군가 잘 집중하고 있다면, 그 근처를 돌아보라.

나는 이것이 혼자 방에 틀어박혀 있을 때보다 도서관이나 카페에서 공부가 잘되는 현상과 모종의 관계가 있으리라는 가설도 세워보았다. 개인차가 있을 수 있으나, 우리는 우리에게 지나치게 관심을 갖지는 않지만 우리가 존재한다는 사실을 충분히 인지하고 신경 쓰는 타인들에게 둘러싸여 있는 환경에서 집중력이 향상된다.

균　　　형　　　을
장　려　하　는
사　　　　　회

흥미로운 것은 아빠들은 아이와 있을 때에도 비교적 책을 읽거나 일과 관련된 생각에 잘 집중할 수 있는 것처럼 보인다는 사실이다. 이런 현상은 물론 아빠이기 때문이라기보다는 양육자로서의 주도성과 관련 있을 것이다. 나는 어린아이를 키우는 엄마들이 남편들을 부러워하며 이렇게 한탄하는 것을 수백 번은 들었다. "남자들은 참 아이와 분리가 잘돼." "남자들은 참 멀티가 안돼." 전혀 다른 내용을 담은 말처럼 들리지만 핵심은 같다. 이는 육아를 담당하는 시간이나 노동량의 차이보다도 근본적인 문제일 수 있다.

　　이것은 또 엄마들의 단기 기억력이 육아기에 현저하게 떨어지고 산만해지는 현상을 설명해주기도 한다. "하루 종일 뭘 했는지도 모르겠는데 너무나 바쁘고 정신이 없다!"라고 한탄하는 엄마들의 미스터리를 푸는 데에도 '분산된 정신의 원칙'이 단서가 될 수 있을 것 같다. 아이를 돌보는 데에는 이런 종류의 산만하지만 유연하고 총체적인 정신 활동이 더 유용하기 때문에, 이 능력을 최대한 발휘하고자 하는 엄마들의 정신은 주변의 생명체에 민감한 상태로 외부로 활짝 열리게 되며 그만큼 취약한 상태가 된다.

여자아이들은 어려서부터 다른 사람들의 감정이나 생각을 더 잘 파악한다고 기대되며, 그렇게 길러진다. '돌봄' 그 자체를 교육받아본 적이 없는 나조차 아주 어려서부터 주변 사람들의 기분과 상태를 살피는 훈련을 받아왔다. 또 이런 능력이 과도한 감정노동을 야기한다는 것을 알게 된 뒤로는 의식적으로 그런 정신적인 능력을 퇴보시키기 위해 노력해왔다.

하지만 다시 '당근'으로 돌아와서, 관계지향적인 의식은 고도의 정신 활동이고 나와 타인과 세상을 이해하는 데 당연히 도움이 된다. 집중력을 발휘해 열심히 공부하면 '세상을 이해하기'라는 과목의 기말 시험에서 100점을 맞을 수는 있겠지만, 그게 진짜로 세상을 이해했다는 의미가 아니라는 사실을 우리는 잘 알고 있다. 너무 뻔해서 민망할 정도인 사실을 강조하는 이유는, 우리 사회에서 '집중력'을 통한 통찰이나 학습에 비해 '분산된 정신'이 지나치게 저평가되고 있음을 환기하기 위해서다. '집중하는 정신'이 양육에서 종종 중요한 역할을 할 수 있는 것처럼, 관계를 배제하고 이루어질 수 없는 어떤 공부나 일에서도 '분산된 정신'이 유용하다. 사람이 성장하려면 집중력과 분산력 사이의 균형이 필요하다. 사회는 그것을 인정하고 장려해야 한다.

'돌봄'이
섬세한 관찰력과 기민한 대응 능력,
유연하고 창의적인 문제 해결 능력을 필요로 하는
고도의 정신 작업이라는 것이 나의 확고한 신념이다.

집중에서 분산으로,
분산에서 다시 집중으로.
돌봄에는 이런 정신적인 모드 전환이 필요하다.

일과 양육을 양립한다는 것은
바로 이런 두 종류의 이질적인 정신 활동에 익숙해진다는 것,
전혀 다른 구조의 두 언어에 바이링구얼이 되어
상황에 따라 자유자재로 구사한다는 뜻이다.

'분산된 정신의 원칙'

아이를 돌보는 데에는 이런 종류의 산만하지만 유연하고 총체적인 정신 활동이 더 유용하기 때문에, 이 능력을 최대한 발휘하고자 하는 엄마들의 정신은 주변의 생명체에 민감한 상태로 외부로 활짝 열리게 되며 그만큼 취약한 상태가 된다.

16

아이를
타인으로
인정하기

프로이트는 너무나 감동적인 동시에 본질적으로 너무나 유치하다는 점에서, 부모의 자랑은 마치 자신이 다시 태어난 듯 느끼는 부모의 자기도취에 불과하다고 설명한다.(717쪽)

- 『부모와 다른 아이들 1』 중에서

뼈 와 살 을
갈 아 서 먹 이 고
싶 은 마 음

아이를 낳고 가장 놀라웠던 일은 아이가 너무나 말도 안 될 정도로 사랑스럽다는 사실이었다고, 나는 이미 고백한 바 있다. 죽음의 강남행 7호선 지하철로 출근하던 어느 아침 그 엄청난 인파 속에서, 문득 이 사람들이 언젠가 누군가에게는 내 아기처럼 귀한 존재였겠구나 하는 충격적인 생각에 전율하기도 했다. 이렇게 나는 아이를 낳고 인류애에 한 발 더 다가서게 되었다. 농담이 아니다. 그 점에 대해 아이에게 무척 감사하게 생각한다.

　정도와 내용의 차이는 있겠지만, 대체로 사람들은 아기 때 그 부모에게, 양육자에게 귀한 존재이다. 때로는 그 사랑의 크기가 너무 압도적이어서, 양육자를 엄청난 혼란에 빠뜨리기도 한다.

그만한 크기의 사랑이 어떻게 나라는 작은 공간 안에 구겨져 있을 수 있었던 것인지 상상이 되지 않는 것이다. 때로는 밖으로 모습을 드러낸 그 커다란 사랑이 요나를 삼킨 물고기처럼 나를 삼켜버린 것 같았다.

어떻게 설명해야 할지 잘 모르겠지만
무척 강렬하고 독특한 엄마의 감정 중 하나는 이런 거다.
나를 막 잘라서, 내 살과 근육과 뼈를 막 잘게 쪼개고 찢어서
아기에게 다 먹이고 싶다.
아기에 대한 사랑이 그렇게 감미롭지만은 않다는 걸
설명하기에 적절한 예인데.
그 정확한 의미는 나도 모르겠다.

문득문득 어떤 순간에 그렇게 해야 할 것 같은 느낌이 든다.
절박함이랄까. 대충 짐작해보면 아기에 대한 애착이
너무 무겁고 또 부모로서의 책임이 너무 두려울 때,
이런 생각이 드는 것 같다.
그 무게와 두려움 앞에서 내가 위축될 때, 심리적으로
그 상황을 벗어나려고 안간힘을 쓰다 보면 그렇다.

– 2013년 3월 어느 날의 일기 중에서

표현의 과격함에 대해서는, 이것이 내가 예민한 신생아 육아로 만신창이가 되었을 무렵, 알 수 없는 호르몬 작용의 영향 아래서 쓴 일기임을 고려해주시기 바란다. 비교적 정상적인 상태로 돌아온 지금도 당시의 이 지나치게 커다랗고 압도적인 감정이 무엇인지 생생하게 떠올릴 수 있고, 그럴 때마다 아직도 스스로 깜짝 놀란다.

내가 아닌 존재가 나를 집어삼키는 경험이 인간에게 다양한 계기로 드러날 수 있다는 사실을 알고 있다. 내가 아닌 존재(사물이 아니라는 점에 유의해주기 바란다)가 나보다 더 중요해지는 순간들도 드물지 않다. 아이를 낳고 키운 모두가 이런 경험을 하는 것도 아니리라. 다만 나에게는 아이를 낳고 키우는 일이 계기가 되었을 뿐이다.(앞서 이미 여러 번 강조했지만, 그전까지는 정신적으로 정서적으로 경제적으로 누구에게도 의존하지 않고 스스로 서는 것, 즉 독립을 중요한 과제로 여겨왔다.)

아이가 이렇게 사랑스러운 이유를 일종의 '투사'로 해석할 수도 있을 법하다. 아직 아이와 엄마가 충분히 분리되기 이전의 시기에는 말할 것도 없고, 아이를 키우며 나 자신의 유년기를 반추하다 보면 두 아이가 뒤섞여 누가 누구인지 분간하기 어려워지기도 한다. 또 아이가 나와 비슷한 구석이 보이기라도 하면 정말로 투사적으로 나의 상처나 나의 감정을 아이에게 덧씌워 보게 되기 쉽다. 아이가 마치 내 분신인 것 같고, 아이도 모르는 아이의 감정이나 생각을 내가 아는 것만 같은 착각에 빠지기도 한다.

물론 보통의 경우 양육 과정에서 그런 투사가 오래 지속되지는 않는다. 아이가 자기만의 고유한 개성을 지닌 타인임을 두 손두 발을 들고 인정할 수밖에 없는 순간이 자주 찾아오기 때문이다. 좋은 의미로든 나쁜 의미로든 '어떻게 요런 게 내 배 속에서나왔을까!' 하는 순간들 말이다. 익숙함 속에 그런 타자성이 드러나는 순간들은 양육의 과정에서 매우 외로운 동시에 매우 경이로운 순간들이기도 하다.

부　　모　　와
다　　　른
아　　이　　들

이 대목에서 조금 극단적이긴 하지만 한 권의 책이 떠오른다. 역사상 최악의 학교 총격사건을 벌인 범인의 엄마가 쓴 『나는 가해자의 엄마입니다』(반비, 2016)가 그것이다. 1999년 미국의 콜럼바인고등학교에서 열일곱 살의 졸업반 학생 두 명이 열세 명을 죽이고 스물네 명에게 상해를 입힌 뒤 자살했다. 범인 중 한 명인 딜런 클리볼드는 미국 콜로라도 교외의 화목한 중산층 가정에서 '좋은' 양육과 '좋은' 교육을 받으며 자란 아이였다. 딜런의 엄마 수는 아동발달과 아동심리를 전공 필수과목으로 이수하고 대학에서 장애가 있는 학생들을 가르쳤다. 근무 일수를 줄여 아이들과 함께하는 시간을 늘리고자 했던 평범한 워킹맘이기도 했다.

아들들과 함께 영화를 보고 평을 나누고 아이의 친구들과도 좋은 관계를 유지하려고 노력한 다정한 엄마이기도 했다. 그렇다면 도대체 왜 딜런은 이런 끔찍한 범죄를 저질렀을까? 수는 그 답을 찾기 위해 사건 이후 17년간 내내 치열하게 고민했고, 그 내용을 책으로 펴냈다.

이 책을 읽은 부모들이라면 '양육의 한계'에 대해 절감할 수밖에 없을 것이다. 내가 이렇게 사랑하고 정성을 다해 키운 아이가 어떻게 커나갈지 나는 알 수 없고, 그에 대해 내가 할 수 있는 일도 많지 않다는 진실이 우리를 절망하게 한다. 아이에 대한 욕심을 버리자고 항상 다짐하지만, 양육이라는 이 힘겨운 노고에 대가가 아무것도 없다면 너무 허망하지 않은가 하는 생각에 이르면, 모든 종류의 삶의 의욕이 일초 만에 증발해버리기도 한다. 하지만 양육의 기적은 바로 그런 것이다. '그럼에도 불구하고' 우리는 아이를 온몸과 마음을 다해 사랑하고 또 최선을 다해 키우리라는 것 말이다.

아이에게 관심이 많은 좋은 엄마들, 좋은 양육자들이 흔히 빠지는 오류가 나는 내 아이를 속속들이 잘 알고 있다고 생각하는 것이다. 그런 부모들은 아이를 이해하지 못하는 부모들을 (겉으로 드러내지 않을지언정) 폄하한다. 고백하자면 나도 그런 편이다. 하지만 그런 부모의 아이들일수록 숨기는 능력도 점점 더 발달한다고 이 책의 저자는 경고한다. 어떤 경우에도 내가 내 아이를 모를 수 있다는 것, 내가 아는 아이의 모습이 아이가 생각하는 자신의 모습과 다를 수 있다는 점을 수용하는 수밖에 없다. 양육자가 갖춰야 할 가장 중요한 덕목은 바로 이런 겸허함이라고, 나는 스스로에게 계속해서 되뇌인다.

비슷하지만 조금 다른 의미에서 또 한 권의 책을 언급하고 싶다. 『부모와 다른 아이들』이 그것이다. '부모됨'에 관한 이 세상의 모든 책들 가운데 가장 중요한 책 딱 한 권만을 고르라면 나는 주저 없이 이 책을 집어들겠다. 이 책에서 저자인 앤드루 솔로몬은 장애아, 자폐아, 트렌스젠더, 신동, 그리고 범죄자에 이르기까지, 자신이 이해할 수 있는 범위를 넘어선 정체성을 지닌 아이들을 키우는 부모들을 인터뷰했다. 그 부모들은 육체적으로나 정신적으로나 힘겨운 양육 때문에 고통받으면서도 끝내 자기 아이들을 수용한다. 머리가 아니라 몸과 마음으로 그 다름을 받아들인다. 그리고 자기 자식을 세상 그 무엇과도 바꿀 수 없다고 단언한다. '다른' 존재를 사랑하는 것은 얼마나 어렵고도 소중한 일인가. 이 힘든 사랑은 어떻게 쉬운 사랑 못지않게 기쁨과 만족을 주는가. 그 과정에서 '다름'에 대한 우리의 이해는 얼마나 높이 고양되는가. 이것이 본문만 1,000페이지(주를 합하면 1,600페이지)가 넘는 이 책의 주제다.

모든 양육은 두 가지 행위를 포함한다. 첫째는 자녀를 변화시키는 행위다. 우리는 자녀에게 교육을 제공하고 예의를 가르치며 도덕적 가치관을 심어준다. 둘째는 자녀를 지지하는 행위다. 우리는 아이들이 있는 그대로의 자신에게 자긍심을 느끼도록 만들려고 노력한다.(이하 1권, 13쪽)

장애가 있는 아이를 키움으로써 그렇지 않았다면 절대로 얻지 못했을 지식과 희망을 얻었다고 생각하는 부모들은 그들의 삶에서 가치를 발견한다. 반면에 그런 가능성을 보지 못하는 부모들은 대체로 어떤 가치도 발견하지 못한다. 자신의 고통이 가치가 있다고 믿는 사람들은 그렇지 않은 사람들에 비해 기꺼이 많은 사랑을 베푼다. 고통이 반드시 사랑을 암시하지는 않지만 사랑은 고통을 암시하고, 고통의 형태는 아이와 그 아이의 특별한 상황과 더불어서 변화한다.(87쪽)

수평적 정체성을 가진 아동의 부모들 가운데는, 그들이 희망을 잃은 채 극심한 비극적 상실감에 사로잡혀 있던 것 같지만 사실은 충분히 알지 못해서 미처 원하지 않은 누군가와 사랑에 빠지는 중이었다고 결론을 내림으로써 수용이 절정에 이르는 경우도 있다. 이 책의 수수께끼는 소개된 대부분의 가족들이 피할 수 있었다면 절대로 마다하지 않았을

경험에 대해 결국 감사하는 마음을 갖게 되었다는 사실이
다.(94쪽)

책의 이런 대목들은 바로 우리가 양육에서 느끼는 고통과 기
쁨의 혼합을 가장 극대화해서 보여준다. 나와 너무나 가깝게 존
재하지만 근본적으로 다른 존재이기 때문에 아이가 가져다주는
불편함과 확장감 같은 것.

타 　 자 　 를
있 는 　 그 대 로
수 　 용 　 하 　 기

오래전부터 정말 납득할 수 없던 이야기가 있다. 신이 아브라함에게 나타나 사라가 네 아들을 낳으리라고 수십 년 동안 거듭 약속만 하다가, 아브라함이 100세가 넘었을 때에야 그 약속을 이루어주고, 또 어쨌든 아브라함이 감사한 마음으로 그 아들을 잘 키워내자 제물로 바치라고 했던 이야기이다. 아브라함은 이삭을 제물로 바치기 위해 함께 산을 오른다. 물론 신은 아브라함의 믿음을 확인하고 이삭을 되돌려준다.

　아무리 이야기의 배경과 조건을 삭제하고 알맹이만 건져내려고 해도, 인간 정신의 고양을 주장하던 「구약 성경」의 신이 살아 있는 인간을 희생 제물로 쓰라는 야만적인 명령을 했다는 비일

관성 때문에, 또 가장 사랑하는 아들을 제물로 내놓으라는 플롯의 선정성 때문에, 나는 옛날부터 이 이야기가 몹시 불편했다. 말없이 이삭과 함께 산을 오르는 아브라함의 마음도 지나치게 단순하고 수동적으로 느껴져 더 거부감이 들었다.

그런데 아이가 어느 정도 커가자 나에게도 매일매일 아이를 내놓으라는 신의 요구가 들린다. 내가 외면하려고 할수록 그 목소리는 점점 뚜렷해진다. 의심하던 나에게 아이를 보내고 그로 인해 내 안에 큰 사랑이 있다는 사실을 알게 한 그 신이, 이제 도로 아이를 내려놓으라고 하는 것이다. 아이를 정말로 사랑한다면 그렇게 해야 한다고 그 목소리는 일관되게 주장한다. 그 아이는 내가 만든 것도 아니고, 나에게 속한 것이 아니고, 내가 주조/조형할 수 있는 것도 아니라고 주장한다. 내가 목숨보다 사랑하는 내 아이지만 내가 그 아이를 위해 대신 할 수 있는 것이 아무것도 없고, 그래서도 안 된다고, 내가 할 수 있는 것은 그저 응원하고 기도하는 것밖에 없다고 나즈막하지만 단호한 목소리로 읊조린다.

아브라함이 지나치게 순종적인 사람이 아닌가 하는 나의 폄훼는 공정한 것이 아니었음을 인정해야 할 것 같다. 아브라함이 이삭을 이끌고 제단에 오르던 그 참혹하고 두려운 마음을 공감해보려고 애쓴다. 인간의 계산으로는 도저히 납득이 되지 않는 일을 기어코 해내는 마음, 내 계산과 맞지 않지만 옳다고 감지(감각)되는 것을 진지하게 따르는 마음, 절망과 비관을 감수하면서도 끝내 살아내는 그 마음. 그것을 단순하고 수동적인 믿음이라고 폄훼할 수 없을 것이다. 그것은 단순하고 수동적인 '믿음'이 아니라 매우 복잡하고 적극적인 종류의 '믿음'이라는 것이 존재한다는 것을 책에서 배운 적은 있었지만 이제야 조금 더 실감하게 되었다. 굳이 알려진 표현을 찾아보자면, '의지의 낙관주의'에 가깝다고 할 수 있을까? 나에게도 그런 복잡하고 적극적인 '믿음'이 더 필요하다는 것을 이제는 안다.

아이가 한 차례 폭풍 성장을 마치고 어느덧 사람 꼴을 갖추게 되면서 이런 긴장은 강화된다. 아이가 기초적인 발달을 마치면 현대의 부모는 뒤로 물러서는 대신 그때부터 본격적으로 아이를 주조해내고자 하기 때문이다. 과학과 기술의 힘을 빌려 가장 효과적이라고 계산된 방식으로 양육하면 이 아이의 약점이라고 판단되는 특성들을 극복할 수 있으리라는 욕심이 충분히 생기고도 남는다. (전적으로 동의하는 것은 아니지만) 『대한민국 부모』(문학동네, 2012)에서 저자들이 현대 한국 사회의 이런 양육 방식을 '사육'이라는 말로 표현한 것을 아프게 성찰해볼 필요가 있다. 객관적으로 가장 잘 팔릴 만한 제품으로 아이를 변형해낸다는 의미를 함축하는 말로 그보다 더 적절한 말을 찾기 어려운 것이 사실이다.

과학과 기술의 낭만적인 관점에 따르면 인간이 선택할 수 있는 길이 이전에 비해 무궁무진하게 확장된 것 같지만, 이는 사실이 아니다. 인간이 완벽해지려고 아무리 노력한다고 해도, 그것은 허상일 뿐이다. 약점 없는 인간이란 인간이 아니다. 실패 없는 인간이란 인간이 아니다. 그림자 없는 인간이란 인간이 아니다. 이런 유사-과학주의적인 태도에 되돌려줄 것은 결국 '인간이란 어떤 존재인가' 하는 물음뿐이다.

아이를 키우다 보면 이것이 얼마나 순진무구한 환상인가를 결국은 깨달을 수밖에 없으리라고 나는 믿는다. 양육은 가장 궁극적인 차원에서 결국은 타자를 동일화하지 않는 채로 수용하는 것, 타자를 고스란히 타자인 채로 존재하게 하는 것에 다름 아니다. 그리고 나는 이제야 뒤늦게, 양육을 통해서, 다른 타자들의 존재와 출현에 대해서도 겸손과 환대를 시도해보는 법을 배우고 있다.

아이에게 관심이 많은 좋은 엄마들,
좋은 양육자들이 흔히 빠지는 오류.

나는 내 아이를 속속들이 잘 알고 있다고 생각하는 것.

내가 아는 아이의 모습이
아이가 생각하는 자신의 모습과
다를 수 있다는 점을 수용해야 한다

17

엄마의 엄마 :
엄마를 용서하기,
엄마를 수용하기

한 국   어 머 니 들 의
삶 은   왜   이 렇 게
빡   센   가

한국의 어머니들만큼 자식들에게 강력한 친밀감과 집요한 책임감을 느끼는 어머니들도 흔치 않을 것이다. 한국의 어머니들은 그 어떤 나라의 어머니들보다도 생활력이 강하며 자녀들에 대한 책임감도 강하고 교육열도 높다. 특히 우리 할머니나 어머니들 세대에는 신화적인 일화를 남긴 분들이 대단히 많다. 스스로는 초등학교 공부도 못했지만 시장에서 물건들을 팔아가며 아이 다섯 대학 공부까지 다 시키고, 환갑 넘어 공부를 시작해 학위를 따거나 시를 쓰는…… 그런 어머니들의 이야기조차 조금 상투적으로 들릴 정도다.

　이 정도는 아니더라도 여러 상충하는 역할들 사이에서 고군

분투하며 자식들의 성취를 도운 어머니들은 드물지 않다. 나는 이런 바지런하고 억척스럽고 냉철하면서 동시에 사랑으로 가득한 어머니들을 흠모해왔다. 나도 저런 어머니가 있었다면 얼마나 든든했을까 하는 생각을 한 적도 있다. (물론 그런 어머니를 가진 친구들은 나의 어머니처럼 아이를 믿어주고 내버려두는 어머니가 있었다면 얼마나 자유로웠을까 생각하곤 했다고 고백한다.)

이사벨라 버드 비숍 여사가 130년쯤 전에 조선의 여인들을 보고 제기했다는 의문은 여전히 시의성이 있다. "왜 이 나라에서는 여자들이 빨래도 하고 살림도 하고 아이도 키우면서 가족들을 먹여 살리기까지 하는가?" 이 땅의 워킹맘들은 우리의 처지를 좀 더 폭넓은 역사적 맥락에서 다시 돌아볼 필요가 있다. 왜 그럴까 나도 오랫동안 생각했다. 우선 구한말에서부터 식민지 경험, 전쟁 등 곡절 많은 근현대사의 영향, 즉 '식민지 남성성'의 반작용이라는 보편적인 해석이 있다. 한편으로는 유교적인 문화의 영향을 빠뜨릴 수 없을 것 같다.

다석 유영모 선생은 유교를 봐서 공자와 맹자를 알 수 없고, 불교를 보아서 부처를 알 수 없다고 일갈한 바 있다. 공자와 맹자의 깨달음과 가르침이 지향하는 고결한 정신적 프로젝트와 무관하게, 형식화되어 남아 있는 유교 문화는 이 땅의 여성들을 피 한 방울까지 쪽쪽 빨아먹는 제도다. 그 고결한 정신적인 프로젝트의 주체는 남성에 제한되어 있기에, 여성들은 그를 위한 최대한

의 물질적 문화적 정서적 지원을 해야 한다는 것도 문제지만, 책임과 도리와 기능을 얼마나 완벽하게 구현하느냐에 따라 삶의 가치를 평가받는 시스템이 문제를 한층 더 강화한다.

그래서 오늘날 한국의 여성들은 다른 문화권, 다른 어떤 시대의 여성들보다도 한층 더 다양하고 복잡하게 분화된 역할들을 모두 완벽하게 수행하려고 지나치게 많은 노력을 해야 하는 상황에 놓이게 된 것이 아닐까 짐작해본다. 자신의 일을 하면서 아이들을 돌보면서 아이들의 교육과 진로에 대한 매니지먼트를 하면서 집안의 자잘한 살림도 챙기면서 가족의 전체적인 재정 관리와 투자 관리도 겸하면서 심지어 친척들의 대소사들을 챙기고 이웃이나 동네 엄마들과의 사교까지 열심히 하다가 큰 병을 얻거나 심지어 죽기까지 한 여러 경우들을 나는 기억한다······.♣

♣ 간혹 문화센터에서 아이의 수업이 끝나기를 기다리는 동안 엄마들과 이야기를 나누다 보면, 아이들의 교육 문제에서 시작해, 금융 시장의 변화와 부동산 경기의 흐름, 나아가 국제 경제/정세 전반에 대한 놀라울 정도로 분석적이거나 직관적인 이야기들이 오가는 장면을 목격한다. 북미협상 같은 극도로 예민한 협상을 준비한다고 해도 부족함이 없을 듯 철저한 두뇌의 교차 작동이 문화센터 교실 앞 복도에서 이루어지는 장면은 뭔가 기이하다 못해 기발하기까지 하다.

엄마에 대한 복잡한
감정, 모녀 관계의
다　이　나　믹

사실 인간의 발달과 성장에 대한 보편적(서구적) 해석들이 충분
하지 않다는 느낌은 오래전부터 받아왔다. 서구의 근대 심리학
이 전제하는 보편적인 성장의 공식과는 다른 공식이 또 존재하
지 않을까 하는 의혹도 있었다. 그 보편적인 성장의 공식이란 풍
요로운 어머니 세계와의 합일, 그것으로부터의 분리, 법과 질서
를 대변하는 아버지 세계로 나아가 결국 아버지와 대결하는 서
사를 말한다. 이런 서사에서는 모두 아이들(소년들)의 성장에 '아
버지'가 질서와 규범과 윤리와 의식을 틀 지워주는 존재로 등장
한다. 하지만 역사적으로 이 땅에는 오히려 부재하는 아버지들
을 대신해 윤리적인 잣대를 제공하고 일용할 양식을 구해오는,

대단히 강력한 모델로 우뚝 선 어머니들이 더 많았던 것 같다.(딸들에게만 모델이 되는 것이 아니라 아들에게도 모델이 되는 어머니들.)

물론 세상의 모든 딸들이 어머니와 대결한다. 딸이 어떻게 어머니를 사랑하고 증오하고 넘어서고 이해하는지에 관한 서사들은 앞으로 점점 더 중요해질 것이다.(그동안 너무나 안 중요하게 여겨졌기 때문에.) 리베카 솔닛의 『멀고도 가까운』(반비, 2016) 역시 딸이 자라나 엄마를 넘어서 마침내 뜻깊은 존재론적 성취를 이루는 광경을 잘 보여주는 책이다. 어머니에 대한 기대와 실망, 어머니에 대한 선망과 원망, 어머니에 대한 그 모든 것을 극복하고 딸이 아름답게 성장하는 이야기. 그렇게 성장해서 당당하게 자기 이야기를 하는 사람이 된 딸이, 다시 어머니를 돌보고 이해하게 되는 이야기. 질투와 선망과 경쟁이 뒤얽힌 모녀 관계라는 점에서 양상이 조금 다르기는 하지만, 어쨌든 이조차 보편적인 성장 궤도라고 제시되어온 (남자 아이들의) 이야기들보다는 훨씬 현실적인 성장기로 읽힌다.

제한된 정보와 제한된 자원 속에서도 최대한 통제력을 발휘해보고 내 책임 아래 있는 것들을 최대한 돌보고 가르치겠다는 의지는 대단히 존경스러운 인간적 태도다. 하지만 의지가 지나치게 강할 경우 반작용 역시 강해진다. 『엄마의 말뚝』에는 그런 엄마의 딸로 자란다는 것이 어떤 것인지 추측해볼 수 있는 대목이 많이 등장한다.

엄마는 자나 깨나 집요하리만큼 열심스럽게 나의 행동반경과 교우범위를 제한할 줄만 알았지 그게 실제로 여덟 살짜리 계집애에게 얼마나 가혹한 형벌이라는 건 모르고 있었다. 엄마가 하라는 대로 하면 나는 결코 단칸방을 벗어날 수 없었고, 엄마나 오빠 외의 말벗을 가질 수도 없었다. (17쪽)

이것아, 계집애 공부시키는 건 아들 공부시키는 것하고 달라서 순전히 서 한 몸 좋으라고 시키는 거지 집안이 덕 보자고 시키는 거 아니다. 느이 오래비 성공하면 우리 집안이 다 일어나는 거지만 너 공부 많이 해서 신여성 되면 네 신세가 피는 거야, 이것아. 알겠지? (…) 이럴 때 엄마의 눈빛은 도저히 거부하거나 비켜갈 엄두가 나지 않을 만큼 절박한 열기를 담고 있었다. 나는 엄마가 바라는 신여성이 뭐하는 건지 알 수가 없었고, 앞으로도 알게 될 것 같지가 않았다. (…) 그러나 엄마의 지식과 자유스러움에 대한 피맺힌 원한과 갈망은 벅차고 뭉클한 느낌이 되어 전해왔다. (64쪽)

어머니의 꼿꼿함은 소녀들에게 매력적인 억압이다. 어머니의 억척스러우면서도 알뜰한 손길과 섬세한 관리가 아이들의 성취를 돕기도 하지만, 성취 자체를 향한 욕구가 (어머니라는 프리즘을 통과해야 하기에) 굴절되기도 한다. 어머니의 예측 가능성과 통제 가능성을 벗어나는 것에 대한 무의식적인 공포가 그들을 무력하게 하거나 최소한 생기를 떨어뜨린다.

치밀하게 계획하고 실행하는 어머니들 아래에서 아이들은 그 계산 가능성, 예측 가능성을 벗어나는 모험을 제지당한다. 덧붙이자면, 닭이 먼저인가 달걀이 먼저인가 하는 문제이긴 하지만, 나는 일부 한국 남성의 미성숙함이 일정 부분 어머니들의 지나친 성숙함, 과도한 책임감의 반작용이 아닌가 생각해본 적도 있다. 이런 어머니들은 끝내 스스로 책임지려고 할 뿐, 아이들에게 책임을 위임하지 못한다. 아이들은 스스로 부모가 되지 못하고 영원히 자식의 자리에 매어 있게 되기도 한다. 이런 장면은 마치 오래된 전설 속의 주술이나 형벌처럼 보인다.

한편 소녀들이 엄마됨을 통해 이런 엄마를 제어하고 극복하며 성장하는 장면은 마치 오이디푸스 과정이 거꾸로 뒤집혀서 진행되는 것처럼 보이기도 한다. 「엄마의 말뚝 1」의 한 대목에는 성인이 되어 자신의 의식을 강력하게 규정했던 엄마의 잣대를 건강한 거리를 두고(실소를 터뜨리며) 바라볼 수 있게 된 딸의 모습이 그려진다.

샌들 속으로 모래가 들어온 걸 벗어서 털면서 나는 문득 실소를 터뜨렸다. 어머니가 낯설고 바늘 끝도 안 들어가게 척박한 땅에다가 아등바등 말뚝을 박으시면서 나에게 제발 되어지이다,라고 그렇게도 간절히 바란 신여성보다 지금 나는 너무 멋쟁이가 돼 있지 않은가. 그러나 신여성이 할 수 있는 일이라고 어머니가 생각한 것으로부터는 얼마나 얼토당토 않게 못 미쳐 있는가. 엄마의 생각은 그 당시에도 당돌했지만 현재에도 역시 당돌했다. (⋯)

어머니가 세운 신여성이란 것의 기준이 되었던 너무 뒤떨어진 외양과 터무니없이 높은 이상과의 갈등, 점잖은 근거와 속된 허영과의 모순, 영원한 문밖 의식, 그건 아직도 나의 의식 내용이었다. 그러고 보니 나의 의식은 아직도 말뚝을 가지고 있었다. 제아무리 멀리 벗어난 것 같아도 말뚝이 풀어준 새끼줄 길이일 것이다.(81~82쪽)

리베카 솔닛은 『길 잃기 안내서』(반비, 2018)라는 자전적 에세이에서 페르세포네의 이야기를 새롭게 해석해 어머니를 피해 지옥까지 도망치는 소녀들의 이야기로 바꾸어놓기도 했다.

이제 나는 데메테르와 페르세포네 이야기를 좀 의심한다. 어쩌면 페르세포네는 죽음의 왕과 눈이 맞아서 흔쾌히 그의 지하세계로 달아났는지도 모른다. 어쩌면 그것이 그녀가 어머니로부터 벗어날 유일한 방법이었는지도 모른다. 어쩌

먼 데메테르는 나쁜 부모였을지도 모른다. 리어왕 같은 나쁜 부모, 즉 본성을 부정하는 부모, 자식이 부모를 떠나려는 본성도 부정하는 부모였을지도 모른다. 어쩌면 페르세포네는 하데스를 한없이 쿨한 연상의 남자, 자신이 찾는 지식을 알고 있는 남자로 여겼을지도 모른다. 어쩌면 페르세포네는 어둠을, 여섯 달의 겨울을, 석류의 시큼한 맛을, 어머니로부터의 자유를 사랑했을지도 모른다. 어쩌면 페르세포네는 세상에 겨울이 반드시 있어야 하는 것처럼 우리가 진정으로 살아 있기 위해서는 죽음이 반드시 삶의 일부여야 한다는 사실을 알았는지도 모른다. 페르세포네가 성인이 되고 힘을 갖게 된 것은 지옥의 왕비가 되고서였다.(130쪽)

이런 어머니들을 극복했든 극복하는 중이든, 아직도 힘겹게 성장의 길을 가고 있는 딸들의 괴로움을 이해 못할 것은 아니다. 하지만 꼭 강압적인 어머니가 아니라도 자식들은 늘 어머니를 탓한다. 세상의 어머니들은 다 다르고 어머니와 딸의 관계도 모두 다르기에, 엄마를 향한 서운함이나 원망의 내용 역시 모두 다르고 이들은 심지어 서로 상충하기도 한다. 그래서 우리는 저마다 자신의 엄마에 대한 서운함이 비범한 것이라 생각하지만 사실 구조적으로 보면 그것은 지극히 평범한 것이다.

분리의 시기에 우리는 그런 원망을 활용하고, 잘 분리된 뒤에는 엄마에 대한 고마움과 애틋함을 상기한다. 그래서 사춘기 시절 우리는 친구들과 부모와 형제들에게서 비롯한 서러움과 억울함을 눈물로 호소하고 공감했던 것이리라.

그런데 아이를 낳고 나니 엄마들이 또 자기 엄마에 대한 해결되지 않은 감정들을 이야기하기 시작한다. 분리와 독립이 뒤얽힌 이 과정의 끝이 어디일지 까마득하다.

괜　　찮　　아
엄　　　　마
못　해　도　돼

나에게도 여전히 엄마에 대한 생각과 감정이 소화되지 않은 채 남아 있다는 사실을 수긍해야 할 것 같다. 이미 오래전에 (특히 학교를 졸업하고 1인 가구로 분리하면서) 원가족에게서 완전히 독립했다고 믿었던 스스로가 민망할 정도로 여전히 나의 수많은 중요한 꿈에 엄마가 등장한다. 내 학창 시절 일기장의 90%는 엄마와 원가족에 대한 원망, 분노, 질투, 선망 등등의 감정이 차지했다. 그러다 남자 친구들이 속을 썩이고, 여자 친구들도 속을 썩이고, 공부가 제대로 안 되고, 일도 제대로 안 되고, 게다가 나라 걱정, 사회 걱정, 인류에 대한 걱정이 일기장을 메우기 시작하면서, 가족들에 대한 복잡다단하고 뜨거운 감정들은 의식의 저편으로 사라졌다. 그런데 아이를 낳고 가족들 가까이 살게 되면서 다시 뭔가가 스멀스멀 올라온다.

엄마에 대한 생각. 누구나 그렇겠지만 여기에 이르면 글의 노출 수위를 정하기 어려워진다. 하지만 최대한 솔직하게 써보겠다. 아기가 태어나서 얼마 동안 나는 몹시 불안했다. 좋은 엄마가 못 될 것 같아서였는데 객관적으로도 근거 없는 불안은 아니었다.(내 손은 돌봄에 익숙한 손은 아니고, 예민한 아이는 신생아 시절 내 서툰 손길을 달가워하지 않았다.) 그런데 그 불안을 거슬러, 거슬러 올라가 보면 나에게는 우리 엄마보다는 훨씬 좋은 엄마가 되고 싶다는 강박에 가까운 바람이 있었던 것 같다. 내가 엄마에게 가졌던 불신과 원망을 우리 아이가 나에게 가지면 어떡하나 하는 불안이었던 것이다.

나는 태어나서부터 5년 정도를 가족과 떨어져서 살았고 그것이 엄마와 나의 애착관계가 단단하지 못한 가장 큰 이유라고 생각했기 때문에, 아이와 절대로 떨어지고 싶지 않다는 마음이 컸다. 복직을 하면서도 분리 불안으로 스트레스를 받았고, 그 분리를 만회하기 위해 최선을 다했다. 최선을 다한 만큼 아이와의 애착도 안정화되어갔다. 그러니 어떤 면에서 엄마에 대한 불만과 서운함은 아이를 키우는 데 자극과 도움이 되었던 것이다.

그렇게 자신감이 생긴 것도 잠깐, 문득문득 우리 딸아이의 얼굴에서 익숙한 서러움, 억울함의 표정이 보인다. 내가 엄마 때문에 가지게 되었다고 거의 확신했던 바로 그 표정이다. 네가 틀렸다고 이야기하거나 아이의 잘못을 가르쳐주려고 하면, 아이는 나를 쏙 빼닮은 바로 그 표정으로 세상이 무너질 듯 울어 젖힌다. '아, 엄마 때문이 아니라 그냥 내가 원래 그런 인간이었던 거구나' 이제야 생각한다. 아이를 키우지 않았더라면 끝내 모르고 죽었을 것이다.

사실 내가 어려서부터 쌓아온 엄마에 대한 이런 원망, 불만, 서운함, 분노 등에는 차별적인 시선이 담겨 있다. 엄마라면 이래야 해, 엄마라면 이 정도는 해야지, 엄마라면 이 정도는 알고 있어야지, 엄마라면…… 사회가 강요하는 '엄마'에 대한 이미지들에서 엄마가 된 나조차 자유로울 수 없다는 사실이 새삼스럽다.

지금의 나보다 훨씬 젊고 미숙했던 내 어린 시절의 엄마는 자신과 기질도 다르고 애착도 불안한 딸을 키우면서 얼마나 힘들었을까, 처음 생각해본 것도 바로 이 즈음이다. 그래서 요즘 나는 내 기억 속의 젊은 엄마를 토닥토닥 위로해준다. '괜찮아, 엄마. 원래 아이를 키우는 건 어려운 일이야. 잘못해도 돼. 큰일 나지 않아.' 현실의 엄마에게도 괜찮다고 말해드릴 날이 언젠가 오리라 믿는다. 그리고 우리 딸이 나를 원망할 그날을 대비하는 마음으로 나 스스로에게도 말해주고 싶다.

괜찮다고, 못해도 된다고, 못하는 게 당연하다고.

아기가 태어나서 얼마 동안 나는 몹시 불안했다.
좋은 엄마가 못 될 것 같아서였다.

그 불안을
거슬러, 거슬러 올라가 보면
나에게는 우리 엄마보다는
훨씬 좋은 엄마가 되고 싶다는
강박에 가까운 바람이 있었던 것 같다.

'아, 엄마 때문이 아니라
그냥 내가 원래 그런 인간이었던 거구나'
이제야 생각한다.
아이를 키우지 않았더라면
끝내 모르고 죽었을 것이다.

18

돌봄의
힘을 담고 있는
창작물들

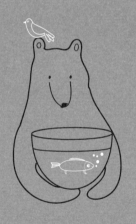

엄　마　이　자
여　　　성　　　의
삶　과　　　책

내가 아주 오래전부터 마음에 깊이 담아둔, 거의 좌우명에 가까
운 구절이 있다. "삶에 대해 책임을 지지 않고 창조하는 것이 더
쉽고, 예술을 염두에 두지 않고 사는 것이 더 쉽다. 예술과 삶은
하나가 아니다. 그러나 그것들은 내 안에서, 내 통일의 책임 안에
서 하나가 되어야 한다." 러시아의 문학비평가 바흐친이 「예술과
책임」(『말의 미학』, 길, 2006)이라는 글에서 쓴 말이다. 삶에 대해서
온전히 다 책임지면서, 창조를 위한 노력도 게을리하지 않으려
는 태도, 현실에 단단히 발을 딛고 있으면서도 형이상학을 냉소
하지 않는 태도야말로 내가 살면서 도달하고 싶은 경지다. 이것
은 현존하는 수많은 예술들이 지니고 있는 공통적인 미덕이기도

하다.

특히 아이를 낳고 나서는 이런 종류의 작업들이 더더욱 큰 위로가 되었다. 박완서 작가의 작품들도 아마 이런 이유 때문에 다시 읽게 된 것 같다. 작가의 딸인 호원숙 선생이 쓰신 회고록 『엄마는 아직도 여전히』(달, 2015)에는 작가가 급히 외출을 해야 할 때는 미리 수제비 반죽을 해놓고 수제비 뜨는 법을 원고지에 단아하게 써서 남겨두고 나가곤 했다는 이야기가 등장하는데, 그 '수제비 뜨는 법'이 작가의 다른 어떤 문장보다도 정갈하다고 느꼈다. 단순하게 일반화하고 싶지는 않지만, 작가의 뒤늦은 등단 역시 이런 태도와 연관되었음을 부인할 수는 없으리라. 나이 마흔에 등단해서 여든 살까지 매년 새로운 작품을 완성하며 살아간 그 에너지, 재능, 용기, 노력이 많은 엄마들에게 복음이라는 사실도 부인할 수 없으리라.

윤석남 작가도 떠오른다. 어려서부터 그림을 그리고 싶어했지만 나이 마흔에야 작업을 시작하게 된 작가는 여든의 나이에도 여전히 열정적으로 작품들을 생산해내고 있다. 작가의 작품들에는 어쩔 수 없이, 언어로 환원하기 어려운 여성의 예술이라는 주제가 감동적으로 드러나곤 한다. 어느 인터뷰에서 작가는 당신의 어머니에 대해 회고한 적이 있는데, 그 어머니가 박완서 작가의 어머니와 유사한 매력을 지닌 분으로 묘사되어 흥미롭게 읽은 적이 있다.(『나의 조선미술 순례』, 서경식, 반비, 2014)

시장에서 장사를 해서 악착같이 6남매를 키우면서 꼿꼿한 자존심, 윤리적 감각, 책임감으로 아이들의 정신에 어떤 커다란 궤도를 만들어내신 어머니. 그러면서도 짧은 시간이지만 아이들과는 재미난 게임을 만들어 놀아주곤 했던 창의적인 어머니. 그 어머니의 흔적이 작가의 작품에 조금씩 살아남아 있는 듯 보인다.

앞서 소녀들의 성장과 어머니의 역할에 대해 짧게 기록한 바 있지만, 이런 작가들의 작업에서 어머니의 감성, 어머니의 윤리를 찾아볼 수 있는 게 아닐까 하는 생각을 해보았다. 주관적이지만 조금 더 구체적으로 묘사해보자면 대략 다음과 같은 특성들이다. 첫째, 바지런함의 미덕을 알아보는 눈, 생활을 작동시키는 사소한 노동들에 대한 관심이나 관찰.(그리고 때때로 그로 인한 산만할 정도로 폭넓은 묘사까지.) 둘째, 타인, 타자에 대한 두려움이 아닌 강력한 공감. 셋째, '외유내강'이라는 진부한 표현으로 흔히 묘사되는, 숨겨지고 가려진 강인함과 대담함에 대한 매혹.

스 　　토　　리
텔　　링　　과
여　　　　　성

이야기는 우리가 세상을 바라보는 틀이자, 우리를 만들어내기 위한 도구이다.♣ 우리의 삶은 이야기로 포장될 때만 다른 이들에게 이해되고 공감되기 때문이다. 이때의 이야기, 곧 스토리텔링은 반드시 언어로 이루어진 것만은 아니겠지만, 언어로 이루어졌을 때 가장 효과적이라는 점을 부인할 수 없을 것이다. 인간은 삶이나 죽음이나 세계나 자기 자신을 '과학'적으로 검증된 공식을 통해 이해하지 않는다. 과학을 이루는 것도 애초에는 여러 가설

♣ "최근 들어 자아나 경험을 근본적인 의미에서 이야기라고 말하는 것은 진부하다 할 만큼 당연해졌다."(『이야기의 기원』, 브라이언 보이드, 휴머니스트, 2013, 230쪽)

들, 즉 이야기라는 점을 감안하면 이것은 동어반복에 불과하다.

> 언어는 인간의 가장 특이한 활동 중 하나인 '스토리텔링'에
> 도 매우 중요한 역할을 한다. 우리는 누구나 이야기를 하고
> 이야기하기를 즐긴다. 이야기는 태곳적부터 이어져온 행위
> 다. 그것은 단순히 옛날이야기에 그치는 것이 아니라 의식
> 절차의 일부를 담당하거나 사람들이 모닥불 주위에 둘러앉
> 아 하던 행위였으며 대부분 형식적인 구조를 갖추고 있었
> 다. (…) 우리는 왜 그런 이야기들을 좋아할까? 한 가지 이유
> 는 그런 이야기들이 만물의 기원에 관한 내용을 담고 있기
> 때문이다. 즉 그들은 우리가 어디서 왔고 어떻게 지금과 같
> 이 살게 되었는지에 대한 단서를 제공한다. 또한 인간 공동
> 체에 관한 이야기를 들려주고 소속감을 일깨운다.(『던바의
> 수』, 102~103쪽)

또한 스토리텔링의 중요성에 대해 『스토리텔링 애니멀』(민음
사, 2014)에서 저자인 조너선 갓셜은 다음과 같이 이야기한다.

> 프로작과 졸로프트의 시대인 지금도 우울증에 대처하는 가
> 장 흔한 방법은 임상 심리학자와 상담하는 것이다. 심리학
> 자 미셸 크로슬리에 따르면 우울증은 곧잘 "일관성 없는 이

야기""자신에 대한 부적절한 서사""꼬여 버린 삶 이야기" 때문에 생긴다. 임상 심리학자들은 불행한 사람들이 자신의 삶 이야기를 바로잡을 수 있도록 돕는다. 감당할 수 있는 이 야기를 만들어주는 것이다.(212쪽)

많은 연구자들이 '이야기하기'가 인간의 생존과 적응과 번영에 얼마나 지대한 공이 있는지 강조한다. 이야기하기가 어떤 생물학적인 욕구만큼이나, 혹은 그보다도 강렬하다는 증언은 여러 작가들에게서 나온다.(그 가장 강력한 증인은 아우슈비츠에서 살아남아 우리에게 인간성의 끝에 대해 들려준 작가 프리모 레비다.)

진화생물학, 심리학, 신경과학의 최신 연구를 바탕으로 인간의 스토리텔링 본능에 대해 탐구한『스토리텔링 애니멀』에서 조너선 갓셜은 소설을 많이 읽는 사람일수록 공감 능력이 뛰어나다는 사실, 드라마를 즐겨 보는 사람들이 뉴스를 즐겨 보는 사람들에 비해 세상이 더 정의롭다고 믿는다는 사실 등을 다양한 근거들을 동원해 보여준다. 이 책에 따르면 '이야기'는 윤리와 규범을 가르치는 가장 효과적이고도 기초적인 방법이다.

인간의 보편적인 속성 중 하나인 이야기를 여성과 연관지어 이야기하려는 것은 내가 지금 여성의 삶에 관해 이야기하고 있기 때문이다. 오래전부터 여성들의 노동이(물론 남성들의 노동도) 이야기를 통해 위로받았다는 사실은 잘 알려져 있다.✤ 언어 자체

가 엄마가 아기에게 들려주는 모성어에서 유래했다고 보는 관점
도 있다.♣♣

리베카 솔닛은 『멀고도 가까운』에서 다른 사람(혹은 동물)을
돌보고 다른 이야기들을 읽고 듣고 또 글로 써내는 일이 얼마나
긴밀하게 연결된 일인지 설득력 있게 보여준다. 그것은 '감정 이
입'이라는, 상상력을 바탕으로 하는 능력을 요하는 노동이자 정
직한 땀방울을 요하는 노동이다. 솔닛의 말대로 '이야기'에는 진
짜로 무엇인가를 만들어내는 신적인, 예술가다운, 부모다운 힘
이 담겨 있다.

여성이 거의 아무런 권력도 가지지 못했던 시절에 젊고 가

난한 여성이었던 메리는, 자신의 작품 안에서 전지전능한

♣ 로버트 단턴의 『고양이 대학살』(문학과지성사, 1996)에는 전래동화(민담)의 역사를
설명하는 대목에서 '야회(veillee)'에 대해 언급한다. 이는 중세 프랑스 농촌의 관습
으로 저녁에 난롯가에 모여서 남자들은 연장을 수선하고 여자들은 뜨개질을 하면
서 수백 년이나 된 이야기를 듣던 모임이다. 어른들을 즐겁게 하려던 것이었건 어린
이를 놀라게 하려는 것이었건, 그 이야기들은 농민들이 수 세기에 걸쳐 놀랄 정도로
손실하지 않고 소장해왔던 대중문화의 축적이라 할 만한 것이었다. 그리고 이 이야
기들이 300년쯤 뒤인 18세기에 민속학자들에 의해 수집되고 기록되었다.

♣
♣ 『던바의 수』 저자에 따르면 이 역시 인간의 아기가 인간과 뇌 크기가 비슷한 원숭이
나 유인원의 새끼에 비해 너무나 미성숙한 상태로 태어나는 것과 연관되어 있으리
라고 추정한다. 울며 보채는 아기를 달랠 수 있는 인간만의 독특한 메커니즘이 필요
했기 때문이다. (97쪽)

지위에 오른다. 자신의 용어로 세상을 묘사하고, 잘못돼버린 세상에 대한 자신의 전망을 그리고, 집단적 상상력에 미친 직접적인 영향이라는 면에서 다른 낭만주의 시인 모두를 작아 보이게 만들어버리는 걸작을 써낸 것이다. 『프랑켄슈타인』은 마치 전설이나 동화처럼, 상상력을 이야기할 때 꼭 떠오르는 어떤 원형이자, 인간 조건의 일면을 축약해 보여주는 상징이 되어버린, 예외적인 작품이다.(79~80쪽)

부모, 예술가, 신이라는 세 부류는 뭔가를 만든다는 공통점이 있다. 이 소설은 창조자가 자신의 피조물에 대해 가지는 책임이라는 매우 중요한 문제를 제시한다. 그것은 또한 인간들이 서로에 대해 가지는 책임이라는 문제이기도 하다. 『프랑켄슈타인』은 사실 보수적인 작품인데, 관습적 규범을 옹호한다는 의미에서가 아니라, 개인적 목표의 추구보다 의무감과 애정으로 묶인 유대감을 옹호한다는 점에서 그렇다. 또한 그 안에는 작가의 남편이자 고집 세고 활동적이며 종종 이기적이었던 시인을 향한 보이지 않는 원망도 남겨 있었다.(81쪽)

아이와 함께 책읽기

다시 강조하지만, 아이를 돌보는 일과 이야기는 긴밀하게 연결된 활동이다. 사람의 자람과 성장이 이야기를 통해 이루어진다면, 사람을 키우는 사람들이 수많은 이야기들을 관통하고 만들어내야 하고 들려줘야 하고 읽어내야 한다는 것은 지극히 당연한 말일지도 모른다. 실제로도 오랫동안 할머니와 엄마들은 아이들에게 이야기를 들려주며 양육의 보람을 극대화하고 양육의 고비들을 넘겨왔다. 오늘날에는 이전과는 비교도 할 수 없이 다양한 양질의 그림책, 어린이책, 이야기책들이 부모의 양육에 실용적이고 즉각적인 도움뿐 아니라 영감까지도 주고 있다.

나 역시 마찬가지다. 아이와 책 읽는 시간은 내가 가장 사랑하는 시간이다. 그 시간은 아이 못지않게 나에게 훨씬 더 중요하다. 아이는 그 시간을 통해 언어 능력과 공감 능력, 정서적 표현과 이해 능력, 사회적 감각과 윤리적 감각을 키울 수 있을 것이다. 그래서 많은 부모들과 육아 책들이 '책육아'를 권하는 것일지 모르겠다. 하지만 나에게 그보다 직접적으로 중요한 것은 그 이야기들이 나 자신에게 강력한 위로와 치유 효과를 지닌다는 사실이다.

오늘날의 그림책은 인류 역사상 최고 수준이라 할 만하다. 그리고 한국의 그림책과 어린이책 역시 질적으로나 양적으로나 최고 수준에 도달했다. 이런 상황에서 어린이책을 접하는 것만으로도, 문화생활을 즐기기 어려운 엄마들에게는 문화적 허기를 달래는 중요한 활동이 된다. 사회로부터 고립되어 제한된 소통을 할 수밖에 없는 (특히 초기) 양육자들에게 어린이책을 읽는 시간은 대단히 귀한 시간이리라.(나에게는 정말로 그랬다.) 더불어 아이의 눈과 마음과 생각을 통과하는 것은 혼자 이야기를 보고 읽는 것보다 훨씬 더 풍부한 읽기를 가능하게 한다. 아이의 흥미와 관심을 따라 이야기를 접하는 것은 내가 여태껏 경험해보지 못한 전혀 새로운 종류의 '함께 읽기'다. 이는 어떤 독서모임에서도 불가능할 것 같은 관점의 확장, 관심의 확장을 이루어낸다.

물론 아이와 함께 책을 읽을 때, 어려운 점도 있다. 부모들이 가장 많이 토로하는 어려움은 '나쁜 이야기'들이 아이에게 비교육적인 영향을 주지 않을까 하는 염려에 관한 것이다. 요약하자면 어떤 이야기를 읽어야 할 것인가, 어떤 이야기를 읽지 말아야 할 것인가 하는 문제이다. 부모는 오래된 이야기들이 아이에게 낡은 관념을 주입하지 않을까 걱정한다. 나 역시 오래된 전래동화나 민담, 혹은 신화에 등장하는 잔혹함과 끔찍함의 대목에 이르면 어디까지 이야기를 변형하거나 포장해야 할지 고민한다.

사실 로버트 단턴에 따르면, 우리에게 지나치게 폭력적이고 29금으로 느껴지는 그림 형제의 민담집이나 샤를 페로의 동화집조차 17~18세기 농민들의 야만적이고 원색적인 판본들을 최대한 가다듬은 것에 불과하다. "우리 엄마는 나를 죽였고, 우리 아빠는 나를 먹었네"라고 노래하는 뼈다귀 이야기인 『룸펠슈틸츠헨』 같은 이야기는 어떤가. 기혼자인 차밍 왕자가 공주를 강간해서 공주가 잠자는 채로 몇 명의 아이들을 출산했다고 하는(그리고 식인 마녀인 그 왕자의 장모가 이 왕자의 사생아들을 모두 잡아먹는다는) 『잠자는 공주』 이야기는 어떤가. 남편이 연쇄살인범으로 드러나는 『푸른 수염』이나 『미녀와 야수』는 어떤가. 자기와 결혼하자고 조르는 아빠를 피하기 위해 하녀가 된 『신데렐라』는 또 어떤가. 강간과 수간과 근친상간과 식인이 난무하는 이 이야기들은 사회화를 위한 교훈과는 거리가 멀어 보인다. 단턴은 이를 두고 우리와 우리 조상들 사이의 거리, 우리 아이들이 살고 있는 세계와 선조의 아이들이 살아야 했던 세계 사이의 먼 거리를 인식해야 한다는 교훈을 얻을 수 있으리라고 재치 있게 썼다.

이야기 속의 폭력성과 원시성을 어떻게 대해야 할 것인가. 이에 대해 전문가들이 어떻게 의견을 모으고 있는지는 잘 모르겠다. 하지만 나는 인간의 원형적인 감정들을 담고 있는 이야기들이 오래 살아남아온 이유를 믿는 편이다. 그리스 로마 신화나 오래된 경전들에도 현대의 도덕적 감수성으로는 용납하기 어려운 대목들이 수도 없이 등장한다.

모든 이야기들은 여러 겹을 지닌다. 상충하는 관념들과 감정들과 도덕들과 욕망들을 드러내는 것 자체가 이야기의 힘이기도 하다. 이야기는 개인적인 것이기도 하지만 (시간적 공간적 벽을 넘어선) 모두의 것이기 때문이다. 때로는 이야기를 잘 다듬어 새롭게 재구성하는 것도 필요하지만, 오래된 이야기 속에서 문명과 문화 바깥을 상기하는 것도 필요하지 않을까. 내일을 상상하는 것만큼이나 어제를 되돌아보는 게 필요한 것처럼 말이다.

이와 관련해 또 하나 언급하지 않을 수 없는 것이 있다. '책육아'를 권하고 '천 권 읽기'를 제안하고 '학습에 유용한 독서법'을 제시하는 여러 조언들에 관한 것이다. 나는 읽고 쓰기를 열심히 해서 좋은 대학에 가고 좋은 직장에 취직한 사람들도 많이 보았지만, 오히려 읽고 쓰기를 열심히 했기 때문에 그렇게 살지 못하는 경우를 더 많이 보았다.(물론 좋은 직장에 취직해서 잘 사는 사람 만큼이나 그렇기 때문에 엉망으로 사는 사람도 많이 보았다.) 책을 만드는 직업을 가진 나에게 독서의 실용적 효과를 강조하는 이런 이야기들은 고마운 것이기는 하지만, 한편으로는 이에 대한 열광적인 반응이 읽고 쓰기를 도구화하고 있는 것은 아닌지 우려되기도 한다. 읽고 쓰는 사람들이 읽고 쓰기에 거는 그 의미와 가치를 그 자체로 존중하고 사랑하는 사람들이 더 많아지기를 바란다.

나는 우리 아이들이 이야기의 매력, 이야기의 힘을 아는 사람으로 자라기를 바라고, 또 거의 틀림없이 그렇게 될 수밖에 없으리라고 믿는다. 한번 이야기의 매력을 맛본 사람은 빠져나오기가 쉽지 않기 때문이다. 아이가 읽기나 쓰기를 자신의 소명으로 삼는다고 해도 아마 나는 아이를 기쁘게 응원할 것이다. 하지만 그렇지 않더라도 괜찮다. 나는 무엇보다도 아이가 이야기하기와 이야기 듣기, 읽기와 쓰기의 '즐거움'을 다른 삶의 측면들과 잘 조율할 수 있기를 바란다. 이야기는 아이가 삶을 견디고 향유하는 데 가장 큰 지지대가 될 것이기 때문이다.

다시 한 번 강조하지만 이야기를 통해서 자기를 완성해가는 일은 모든 인간에게 동등하게 주어진 과제이다. 그렇게 이야기를 만들어내고 발견하고 엮어가며 사람들은 역사를 만든다. 진짜 나의 이야기를 만들어내는 과정은 고독하지만, 그것은 공감과 연민을 통해 거대한 연대의 힘을 만들어낼 수 있을 것이다. 나는 우리 아이들이 우리가 들려준 수많은 이야기들을 원료 삼아 자신만의 이야기를 단단하게 만들어가기를 그 무엇보다 열렬히 응원한다.

아이와 **책 읽는 시간**은 내가 가장 사랑하는 시간이다.

그 시간은 아이에게도 중요하겠지만

나에게 훨씬 더 중요하다.

그 이야기들이 나 자신에게

강력한 위로와 **치유 효과**를 지니기 때문이다.

나는 우리 아이들이 이야기의 매력,

이야기의 힘을 아는 사람으로 자라기를 바란다.

또 아이들이 우리가 들려준 수많은 이야기들을 원료 삼아

자신만의 이야기를 만들어가기를 응원한다.

19

집과 유년기,
부동산과
양육

동 물 적 인
윤 리 의
작 동

내 경우, 아이가 태어나고 나서 또 하나의 큰 변화는 부쩍 부동산에 관심이 생겼다는 것이다. 둘러보면 나뿐이 아닌 것 같다. 대체로 가구나 개인당 생애 최초 주택 구입 시기는 임신과 출산 후, 아이가 학교에 들어갈 무렵이다. 전에는 어떤 동네든 적응하고 살수 있을 것 같고 또 언제든 싫증이 나면 이사를 가면 된다는 노마드 같은 마음으로 살아왔는데, 아이를 낳으니 '정착'해야 할 듯한 부담이 생기는 것이다. 그래서 시간이 날 때마다, 시간이 나지 않더라도 틈틈이, 어떤 동네에 살고 싶은지, 어떤 동네는 왜 좋고 어떤 동네는 왜 싫은지 생각했다. 지도를 보거나 그곳에 살았던 사람들의 이야기를 들으면서 연구했다.

각 동네에 대한 객관적인 평가에 대해서도 관심을 갖게 되었고, 부동산 사이트를 들락거리며 집값을 검색해보는 새로운 취미가 생겼다. 아이를 낳은 뒤에 안전한 곳에서 안정적으로 오래 살고 싶은 마음이 든다는 것은 어찌 보면 당연한 일이다. 또 아이를 부양해야 하는 부모로서 더 쾌적하고 편리한 곳에 정착하고 싶은 마음 역시 진부할 정도로 당연한 일이다. 하지만 그걸로 설명이 충분한가?

온라인과 오프라인의 각종 정보를 섭렵하며 수도권 각 지역의 시세 추이를 파악하는 데에는 얼마 걸리지 않았다. 이런 공부를 통해 대한민국 부동산 자산의 특이성도 깨달았고, 청문회에서 가장 자주 등장하는 의혹이 '부동산 투기'인 이유도 알게 되었다. 부동산을 통한 자산 증식은 거의 전 국민이 몰입한다고 해도 과언이 아닐 정도로 '대중적인' 투자(투기) 행위였던 것이다. 주식과 비교해볼 수 있겠지만, 주식 투자가 전 국민의 스포츠가 되기까지의 다양한 정책 차원의 장려를 고려하면 그보다 더 대중적이고 자연발생적이라 할 수 있을 듯하다. 그 근본적인, 혹은 역사적인 원인이 무엇일지에 대해 여러 가지 가설들이 있다고 하지만(가령 한국인들이 원래 '땅'에 집착하는 민족이라든가, 아니면 한국뿐 아니라 원래 부동산 경제가 금융 경제 시대에 중요한 축이 될 수밖에 없다든가), 아직 내 공부가 그런 원인들의 타당성을 따질 수 있는 경지에 미치지 못했다.

다만 출산 및 양육과 부동산의 긴밀한 관계에 대해 좀더 진지하게 생각해볼 필요가 있다는 정도는 깨닫게 되었다. 부동산 입지에서 가장 중요한 요소가 '학군' 혹은 '학원가'라는 점을 상기해보자.

조금 유치하게 들릴 수 있는 고백을 해보겠다. 사실 임신과 출산을 앞두고 내가 가장 두려웠던 것은 너무 소중한 것이 생겨서 이기적인 사람이 되면 어쩌나 하는 것이었다. 그때까지 내가 (세상의 소금까지는 못되더라도) 그럭저럭 세상에 나쁜 일을 보태지 않으면서 살아올 수 있었던 것은, 바로 나에게 '반드시 지켜야 할, 너무나 소중한 무엇'인가가 없었기 때문이 아닌가 하는 심증이 있었다. 그 진위 여부에 대해서 아직도 종종 답 없이 생각해본다. 이것은 내가 가장 풀고 싶은, 양육에 관한 수수께끼이기도 하다.

사적으로 중요한 것을 지키는 일과 공적인 가치를 지키는 일이 양립할 수 있는가, 이 둘은 혹시 단순히 무관한 것이 아니라 항상 대립하는 것은 아닌가, 사적으로 좋은 사람이 공적으로 좋은 사람일 수도 있는가. 내 윤리적 감각은, 사적으로 엉망인 사람이 어떤 층위에서건 결코 좋은 사람일 수 없다는 명제를 강력하게 지지하지만, 그 역이 성립하는지에 대해서는 자신이 없다. 공적으로 훌륭해지려면 정말로 사적으로 훌륭해야 하는가. 결국은 돌봄이 공적으로 가치 있는 일인가 하는 문제도 이 수수께끼와 연관되어 있으리라. 개인과 구조가 선명하게 분리되지 않는다는 것, 사적인 것과 공적인 것 사이에 이미 가치의 위계가 정해져 있다는 것에 대해 사유한다는 건 대단히 복잡하고 어려운 일이다.

양육이 가장 아름답고 의미 있는 인간의 활동들 중 하나라는 믿음을 내가 철회하는 일은 없을 것이다. 그렇지만 내 아이를 지키고 이롭게 하는 일이 다른 인간이나 종에게 늘 좋을 수 없다는 것도 잘 알고 있다. 이런 현실의 경험도 결코 만만한 것이 아니다. 사실 한국 사회에서 양육이 다양한 문제들을 발생시키는 메커니즘은 모두 이와 연관되어 있다. 가령 한국 사회에서 '집'이 품고 있는, '집'이 발생시키는 다양한 문제들은 돌봄이나 양육에 대한 부담이나 열의와 무관하지 않다.

하지만 같은 이야기를 다른 각도에서 생각해볼 수도 있다. 나는 공적인 가치를 지키기 위해 내 아이를 이롭게 하는 행위를 멈추거나 자제할 의향이 전혀 없다. 이는 내가 의심 없이 단언할 수 있는 몇 안 되는 말 중 하나다. 나는 양육 이후에 내 '윤리'가 이전처럼 추상 차원이 아니라 몸의 차원에서 발생한다고 느낀다. 아이에게 이롭고 이득이 되는 것을 몸으로 감각한다. 그리고 어떤 근사한, 명예로운 가치와도 그것을 맞바꿀 마음이 없다. 이런 '동물적인' 윤리의 작동 방식이 스스로도 당혹스러울 때가 있지만, 이는 엄연한 사실이다.

유 년 기 의
공 간 과
의 식

다시 집과 공간 그 자체로 돌아와서, 집은 의식의 대표적인 상징물이다. 그래서인지 나는 집에 관한 꿈을 많이 꾼다. 꿈에 등장하는 집들은 모두 출입구가 많고 방들도 많고 각각의 공간을 이용하는 이용자들도 많다. 공간마다 바닥도 천정도 높이가 모두 다르다. 거실로 가려면 반 층 정도를 내려가거나 올라가야 하고 방과 방을 연결하는 비밀스러운 문이 있기도 하고, 미로 같은 긴 복도가 있기도 하다. 거실에서 바로 정원으로 나가는 문이 있고, 부엌 옆쪽으로도 문이 있고 현관문도 따로 있는 매우 산만한 구조의 집이다. 그렇지만 하루 종일 탐험을 해도 절대로 질리지 않을 것 같은 집이다. 해가 잘 비치고 아늑한 집이기도 하다.

실제로 집에 대한 내 취향도 이와 비슷하다. 숨을 곳이 많고 구석구석 살펴볼 곳이 많아 질리지 않는 집, 층계나 다락방 같은 부속물이 달려서 다양한 공간을 구현하는 집. 나는 이와 비슷한 집에서 자라기도 했다. 내 가장 초기 기억 중 하나가 다섯 살 무렵까지 살았던 외할머니 댁이다. 그 집에는 식구들이 많았다. 또 가파른 언덕에 지어져서 언덕 아래쪽에서 보면 1층인 집이 언덕 위쪽에서 보면 지하가 되었다. 총 3층으로 이루어진 집인데, 각 층에는 다른 가구들이 세를 들어 있었다.

나는 1층에서 살아본 적도 있고 2층에서 살아본 적도 있다. 1층에는 자그마한 시멘트 마당이, 2층에는 잔디가 깔린 정원이 있었다. 이 집에서 나에게 가장 감정값이 큰 공간은 1층과 2층을 뒤로 연결하는 좁고 가파른 계단이다. 그 계단은 각 층의 부엌과 연결되어 있었다. 그 좁고 기다랗고 가파른 공간이야말로 그 집의 모든 움직임을 가장 핵심적으로 제어하는, 일종의 컨트롤타워처럼 여겨졌다.

내 아이가 일곱 살까지 살았던 집도 나름대로 이런 이상형에 가까운 집이다. 역시 아이의 외할머니 댁이다. 구조가 복잡하고 천정의 층고가 공간마다 다르며 층계가 있고 숨을 곳이 많다. 아이는 누우면 층계 한 칸에 꼭 맞아 떨어지던 나이부터 이 집에서 살았다. 아이는 다리를 최대한 접어야 겨우 층계에 누울 수 있게 된 시점에 그 집을 떠났다. 어떤 집에 사는가 하는 것, 가령 깔끔하게 정리된 집에서 사는가, 가구와 가전과 소품이 많은 집에서 사는가 하는 것조차 의식이 발달하는 과정에서 영향을 미치지 않을 수 없으리라. 그래서 나는 아이가 답답하고 지루한 평면의 아파트보다는 이런 곳에서 자란 것을 감사히 여긴다.

집　　밥　　과
인 스 턴 트 식 품
사 이 의　　균 형

재미있는 구조의 집, 다양한 공간을 경험하게 하는 집, 그리고 이렇게 독특한 집들이 모인 동네, 걷기를 위협하는 요소들(가령 너무 빨리 달리는 차들, 시야를 가리는 고압적인 건물들, 아름답지 않은 업소들)이 적은 동네, 적당히 풀과 나무들과 공원이 있는 동네, 무엇보다 오래 그 자리를 지켜온 든든한 가게들이 많은 동네, 학교와 유치원과 놀이터가 있고 아이들이 많은 동네. 비유하자면 집에 대한 내 취향은 '유기농 나물 반찬, 보글보글 찌개가 곁들여진 집밥' 같은 것인지도 모르겠다.

　　그런데 솔직히 말하자면 나는 아이와 공원을 산책할 시간도, 동네 가게에서 이웃을 만나 이야기를 나눌 시간도, 집 안 곳곳의 다양한 공간을 감각할 시간도 없다.(시간보다는 근면성의 문제로 볼 수 있다는 점도 인정한다.) 아침엔 일어나자마자 정신없이 등원과 출근을 하고 밤에는 남편과 교대로 아이를 먹이고 씻기고 놀려서 재우든가 아니면 야근을 하는 것이 일상적인 패턴이다. 집에서는 밥 한 끼 안 먹는 날이 대부분이고 몇 시간 잠만 자고 다시 그대로 나가는 날이 더 많다. 이런 삶에 과연 집밥 같은 집이 적합하다고 할 수 있을까?

비유를 조금 확장해보자면 대단지 '초품아'(초등학교를 품은 아파트)라는 인스턴트식품을 떠올려볼 수 있겠다.(그렇게 비유하기에 턱없이 비싸긴 하지만.) 단지 내부에 학교가 있어서 등하교가 쉽고, 놀이터에는 경제적 사회적 환경이 비슷비슷한 친구들이 있고, 맞벌이 가정의 아이들이 하교 이후 시간을 보낼 수 있도록 셔틀을 운행하는 학원들이 과목별로 골고루 갖추어지고, 주차 공간이 넓으며, 대형마트가 가까이 있고, 단지 내 차량 출입이 통제되는 대단지 아파트. 커뮤니티 시설이 잘 갖추어져 있지만 효율적인 경비 인력 운용으로 관리비가 비싸지 않은 곳. 1,000세대를 넘겨 손바꿈이 자주 이루어짐으로써 전세가와 매매가 계속해서 갱신되고, 가격 하락기에는 가격 방어가 되어 자산 가치를 유지할 수 있는 곳. 주인이 계속 바뀌어도 특별한 문제가 없을 만한 무난한 인테리어. 방 셋, 화장실 두 개 평면에 계단식 구조. 베란다가 확장되어 전용 면적보다 넓어 보이고 마루에는 편안한 소파와 벽걸이 티브이가 마주 보고 있는 집.

곧 또 이사를 해야 한다. 그때 어디로 갈 것인가. 회사 옆인가, 물 좋고 공기 좋은 곳인가, 싼 곳인가 비싼 곳인가, 내가 잘 알고 익숙한 곳인가, 모두가 아이 키우기 편하다고 하는 곳인가, 학군이 좋고 학원가와 가까운 곳인가, 대단지 아파트인가 나 홀로 아파트인가 빌라인가 단독 주택인가, 아직은 아무것도 알 수 없다. 집밥과 인스턴트식품이라는 양 극단의 주거형태 사이에서, 사적인 편익과 공적인 편익 사이에서 우리가 어떤 균형을 찾을 수 있을까. 나도 궁금하다. 실은 뭐라도 좋으니 안정적이고 장기적인 결정이 이루어져서 이 지긋지긋한 고민에서 해방될 수 있기를 바란다.

어떤 집에 사는가 하는 것,
가령 깔끔하게 정리된 집에서 사는가,
가구와 가전과 소품이 많은 집에서 사는가 하는 것조차
의식이 발달하는 과정에서 영향을 미치지 않을 수 없으리라.

20

돌봄에서
회복한
사랑의 능력

인　간　에
대　　　한
관 점 의　이 동

이미 많이 했지만 또 부끄러운 고백을 해본다. 나는 아이를 낳기 전까지 나를 포함해 인간이라는 종에 대해 냉철한 관점을 견지하고 있었다. 전반적으로 존재가 조금 비효율적이라고 해야 할까, 뜬금없다고 해야 할까, 우주에 부담이 된다고 해야 할까. 인간이 싫은 것까지는 아니더라도 좋다고 하기도 어려운, 역사적 공과와 최근의 추세를 보면 긍정적으로만 평가할 수 없는 존재라고 생각했다.

　좋은 친구들도 많이 있고 존경할 만한 역사적인 인물들도 많이 있고 좋은 의미로건 나쁜 의미로건 호기심을 자극하는 흥미로운 존재들을 많이 알고 있지만, 그와 별개로, 인간이라는 종이

번성하는 것이 바람직한가, 라고 누가 단도직입적으로 물었다면, 나는 회의(懷疑) 끝에 "글쎄, 뭐 바람직할 것까지야……"라고 답했을 것이다.

조금 더 구체적인 차원으로 내려와서 말해보자면, 사실 이 복닥복닥한 초연결 한국 사회, 특히 메갈로폴리스 서울에서 살아간다는 것은 사람들과 부대끼며 즐거워하거나 사람들과 부대끼느라 괴로워하는 양쪽을 오가는 일이다. 개인차가 있을 텐데 내 경우에는 엎치락뒤치락 하는 와중에 후자의 경험이 조금 더 우세했던 것 같다.

SNS에서 꽤 많은 수의 나와 비슷한 사람들이 나와 비슷한 이유로 상처받거나 분노하거나 기뻐하는 것을 볼 때, 현실에 대한 비슷한 문제의식과 미래에 대한 비슷한 이상을 가진 사람들이 날카롭게, 혹은 재기발랄하게 내 대신 표현해주는 것을 볼 때 매우 즐겁다. 내가 좋아하는 것을 나보다 더 좋아하는 사람들을 보는 것은 어떤가. 내가 좋아하며 만든 책을 다른 사람들이 좋아해주면 어떤가. 아니면 나의 가치관이나 취향과 전혀 무관한 사람들이더라도 오순도순 협력하며 좋은 결과를 만들어내는 모습을 보는 것도 기분이 좋다.

반면에 SNS에서 꽤 많은 수의 나와 다른 사람들이 나와 다른 이유로 분노하며 몰려다니는 것을 볼 때, 현실에 대한 상이한 문제의식을 가진 사람들이 시끄럽게 왁왁거리는 것을 볼 때 매우 괴롭다. 아침 출근길에 만원 전철에서 빽빽하게 뭉쳐 서 있는 사람들 사이를 나보다 더 잘 비집고 들어가는 뒷사람의 어깨, 나보다 더 피곤해 보이는 앞사람의 뒤통수에게서 느껴지는 감정, 떠오르는 생각은 어떤가. 내가 좋아하며 만든 책을 오랫동안 아무도 사 읽지 않아서 몇천 부씩 폐기해야 할 때는 어떤가. 나와 전혀 무관한 사람들이더라도 서로 치사하게 협잡을 하고, 그러다가 또 금세 사소한 이익을 위해 야합하는 모습을 보는 것은 또 어떤가. 심지어 그들이 처벌받거나 단죄받지 않고 잘 살아가는 모습을 보는 것은?

세 상 에
같 은
아 이 는 없 다

정확한 이유는 모르겠지만, 아이를 낳고 처음으로, 이 세상에 존재했고 존재하는 모든 사람들이, 누군가에게 내가 느끼는 것 같은 감동을 주었던 존재였을 수 있다는 가능성에 대해서 생각해 보게 되었다. 아마도 아이를 낳고 나서야 사람을 제대로 자세히 오랫동안 들여다보게 되어서 그런 것이 아닌가 싶다.

아이를 낳고 얼마 안 되었을 때 길에서 그 끝도 없이 많은 사람들을 보면서 놀랐다. 아니 이 사람들이 다 그렇게 누군가에게 귀한 존재였다니! 길에 널린 아저씨, 아주머니, 할아버지, 할머니들도, 막 태어났을 때에는 이렇게 작고 보드랍고 연약하고 신기한 존재였을 수 있다고 생각하니 정신이 아득해졌다.

실제로 아이들을 보는 눈도 생겼다. 이전이라면 그냥 미취학 아이들, 큰 가방에 위축되어 쪼그라들어 보이는 초등학생들, 화장이 진한 중학생들, 서로 구분 안 되는 고등학생과 대학생들 등의 집단으로 보였을 아이들이 조금 더 미세하게 구분되어 보이기 시작했고, 갓 태어난 신생아실의 빨간 아기들도 하나하나 다르게 보였다. 6개월 아기의 매력과 한 살 아기의 매력, 두 살 아기와 세 살 아기의 매력이 다르다는 것을 알게 되었고, 아기들은 정말 놀라울 정도로 다 다르다!는 것을 알게 되었다.

아이를 하나밖에, 그것도 딸밖에 안 키워본 나로서는 정말 알 수 없는 경지지만, 아이를 둘 낳고, 셋 낳은 엄마들이 "아이들은 정말 다 달라, 너무너무 달라!"라고 하는 말을 들을 때면 존경과 선망의 감정이 울컥 올라온다. 나는 그저 짐작만 할 때조차 이렇게 울컥하게 되는, 뭔가 아주아주 커다란 인식이라고 할 수 있을 것이다. 고 나혜석 선생이 「이혼고백장」에서 "자식의 의미는 단수에 있는 것이 아니라 복수에 있다"라고 한 것도 비슷한 말이 아니었을까. 그래서 막연히 내가 아이를 하나 더 키웠다면, 인간에 대한 이해의 스케일과 온도가 또 달라지지 않았을까 하는 생각도 해본다.

아무튼 내 주변의 아이들도 다 다르다. 자세히 볼수록 다르다. 좋아하는 것, 싫어하는 것, 같은 것을 보고 느끼는 감정, 그 감정을 표현하는 방식도 모두 다르다. 어떻게 이렇게 다 다르게 재미

있을 수 있는지 신기하다. 어떻게 세상에 이렇게 많고 많은 특별함이 있을 수 있는지 경이롭다.♣

♣ 이렇게 아이들의 다름을 생각할 때마다 떠오르는 문장이 있다. "세상에 똑같은 눈송이는 하나도 없다." 최초의 눈 결정 사진을 찍은 윌슨 A. 벤틀리가 만들어낸 개념이다. '눈송이 사나이'라는 별명으로 알려진 벤틀리는 1865년에 미국 버몬트 주에서 태어났다. 본업은 농부였지만, 10대 때 처음 현미경으로 눈송이를 본 이후, 눈송이를 관찰하고 그 형태를 그리고 현미경 사진을 찍는 데 몰두했다. 벤틀리는 1931년 12월 강연을 마치고 극심한 눈보라 속에서 집으로 돌아오다가 폐렴에 걸렸고, 몇 주 간의 투병 끝에 12월 23일에 사망했다. 벤틀리가 사망하기 직전 그의 평생의 작업이 한 권의 책으로 묶여 맥그로힐 출판사에서 출판되었다.(개정을 거듭한 이 책은 한국에도 소개된 적이 있고, 지금도 아마존에서 구할 수 있다.) 벤틀리가 그 책에 어떤 반응을 보였는지는 알려져 있지 않다. 다만 벤틀리는 죽기 직전까지도 자기만의 날씨 기록부를 작성했다고 한다.

"현미경 아래로, 나는 눈송이들의 아름다운 기적을 봅니다. 사람들이 이런 아름다움을 보지 못하다니 정말 안타까운 일입니다. 모든 눈 결정은 디자인의 정수를 보여주는데, 그 어떤 디자인도 반복되는 법이 없습니다. 눈송이가 녹으면 그 유일한 디자인도 영원히 사라지는 겁니다. 그만큼의 아름다움도 사라지는 것이죠. 세상에 아무런 기록도 남기지 않은 채로."

농부이자 독립 연구자였던 벤틀리가 어떻게 다른 사람들은 볼 수 없었던 것을 볼 수 있었는지는 모르겠다. 아니 다른 사람들은 왜 벤틀리가 본 것을 보지 못했을까. 겨울이면 늘 내리는 작고 보잘것없는 눈송이 안에 그렇게 위대한 아름다움이 숨어 있으리라는 것을 왜 상상하지 못했을까.

아무튼 나는 저마다 다른 방식으로 위대한 아이들을 볼 때마다 벤틀리의 눈송이가 떠오른다. "세상에 똑같은 눈송이는 하나도 없다. 세상에 똑같은 아이는 하나도 없다."

계량화를 넘어서
고유함을
느끼는 능력

애초에 분류와 체계에 강한 사고를 타고나고, 그런 능력을 더더욱 함양하도록 교육받아온 나는 동서고금의 인간들을 신속하고 편리하게 범주화해서 이해하곤 했다. 그런데 아이를 낳고 나서야 종으로 분류되는 인간이 아니라, 아주 고유하고 독특한 개별자들이라는, 인간에 대한 '상'이 생겨난 것이다.

솔직히 말하자면 이게 꼭 아이를 낳고 길러야 알 수 있는 것은 전혀 아닐 것이다. 연애 한두 번만 제대로 해보면 얻게 되는 감이기도 하고, 연애 안 해보고 아이 안 길러보고도 원래부터 이런 지혜를 타고난 현인들도 있을 것이다. 그래서 아이를 낳고 길러야 이런 지혜가 생긴다고 말하려는 것이 아니다. 다만 사십 년 동안 그런 눈이 없었던 사람도 아이를 낳고 기르는 와중에 그런 게 생기기도 하더라는 부끄러운 간증이다. 더 솔직히 말하면 이전의 나에게도 그런 능력, 감각이 깊이 잠재되어 있었으리라 믿고 싶다. 환경에 의해 억압되어온 능력이 돌봄이라는 사회적으로 저평가되는 활동을 통해 표면화되고 드러난 것이 아닐까.

우리 딸이 나를 좋아하는 이유는 물론 내가 자기 엄마라서다. 조금 더 구체적으로 이유를 말해달라고 하면 딸은 "엄마 팔목에 있는 점이 너무 보들보들해!"라고 대답한다.(느낌표는 확신의 표현이다.) 사랑에 대해 말하면서 그 사람의 '코에 난 작은 점'에 대해 이미 이야기한 롤랑 바르트가 떠오르는 대목이다.(『사랑의 단상』, 동문선, 2004) 우리가 누군가를 사랑하는 이유는 고유하다. 누군가 오늘 다시 딸에게 엄마를 왜 좋아하냐고 묻는다면, 딸은 또 다른 구체적이고도 고유한 이유를 댈 것이다. 그 답은 매일매일 달라질 수도 있고 수백 가지가 넘을지도 모른다. 물론 딸은 앞으로 수많은 사람들의 고유함을 발견하거나 만들어내면서 수많은 사랑을 하게 될 것이다. 이런 사랑의 능력이 퇴화하지 않기를 기도할 뿐이다.

아이가 커가면서 '고유함에 대한 감각'이 위협받는다고 느낄 때가 있다. 여전히 나에게 고유한 의미를 지닌 아이지만, 다른 사람들이 이 아이를 어떻게 판단하는가에 신경을 쓰기 시작하는 것이다. 아이가 개성이 강하면 사회성이 떨어지지 않을까 걱정된다. 특히 학교 입학을 앞두고는 이 아이가 튀지 않고 무난하게 지낼 수 있기를 바라게 되기도 했다.

계량화할 수 없고 교환 불가능한 존재로서의 아이들이 사회의 본격적인 구성원이 되면서부터, 여러 객관적인 잣대에 노출되기 시작한다. 말이 얼마나 빠른지, 학습 능력이 얼마나 뛰어난지 등은 시작일 뿐이고 나중에 이것이 점차 점수와 등수에 따라, 내신 등급에 따라, 대학에 따라, 직장에 따라 심지어 가장 합리적으로는 이 아이들이 벌어들이는 금액에 따라 수치화되고 객관적으로 평가될 것이다.

객관적 평가가 나쁘다는 것이 아니다. 측정할 수 없는 가치를 최대한 많은 사람들이 납득할 수 있도록 측정해내는 경제학적인 작업이 서로 다른 사람들이 살아가는 사회에서 불필요하거나 그 자체로 해로울 리 만무하다. 서로 다른 가치들이 교환되고 소통될 수 있도록 하는 기술은 더 세련되어져야 하고 더 발전되어야 할지도 모른다. 다만 그런 객관화의 잣대가 단순히 과학적인 계량의 방식이 아니라 삶의 지배적인 잣대로 절대화될 때가 문제일 것이다. 나의 가치와 너의 가치를 유통하고 소통하기 위해서, 그리하여 더 많은 가치들의 세계를 알기 위해서 만든 기준과 잣대가, 결국 가치들을 서열화하고 획일화하는 지경에 이르는 것이다. 왜 이런 일이 벌어질까?

객관적인 잣대가 고유함의 감각을 누르는 순간부터, 객관적인 잣대로 스스로를 판단하는 그 순간부터 우리는 불안해진다.

그리고 불안할수록 남들이 모두 안전하다는 길을 선택한다. 공부 잘하고 남들이 좋다는 대학을 나와서 남들이 좋다는 직업을 가지고 남들이 알 만한 직장에서 일하려고 한다. 그러다 보면 점점 더 불안해진다. 남들이 다 사는 동네에 남들이 다 사는 집을 사서 남들이 다 다니는 학원에 아이를 보내고, 남들이 사는 차와 남들이 사는 옷을 사고, 남들이 가는 여행지에 가서 남들에게 사진을 찍어 인증한다. 전혀 다른 길을 가더라도 어떤 방식으로건 끊임없이 남들의 인정을 받으려고 한다. 살아온 궤적을 보면 나는 모범답안에서 조금씩 떨어진 선택을 해온 것처럼 보이지만, 나 역시 몹시 불안하다.(사실 조금 색다른 선택을 한 경우에조차, 그것이 어떤 고유함의 감각에서 나온 결정이라기보다는 주변인들의 인정에 좌우된 결정이었던 경우를 많이 본다.)

그래도 여전히 나는 아이를 볼 때 가장 확고하다. 나 자신에 대해서는, 내 가족에 대해서는, 남들의 시선, 남들의 평가가 어떤지 하는 감각에 휘둘리더라도 내 아이에 대해서는 그러지 않을 자신이 있다. 나는 이런 감각과 태도가 확장되기를 바란다. 그래서 내 아이가 독특한 그 아이만의 가치로 귀하다고 느끼는 만큼, 나 자신도, 내 가족도, 내 친구들과 동료들도, 또 다른 사람들도 그 고유함으로 귀하다고 진심으로 느끼고 인정하게 되기를 바란다. 돌봄에서 회복한 이 감각을 다시 퇴화하고 싶지 않다. 더 크게 사용하고 싶다.

아이를 낳고 처음으로

문득

이 사람들이 언젠가 누군가에게 내 아기처럼 귀한 존재였겠구나
하는 충격적인 생각에 전율했다.

그리고 나는 이제야,
양육을 통해서,
다른 타자들의 존재와 출현에 대해서도
겸손과 환대를 시도해보는 법을 배우고 있다.

에필로그

↟ ↟
↟

어떤 방의 문을 열면 한 아이가 있다
지켜주고 싶은, 지켜주지 못한 아이의 모습

최근 10년 사이에 상황이 꽤 달라진 것 같기는 하지만, 한국 사회는 아이들이 눈에 많이 '보이는' 사회는 아니다. 저출산 사회라 그런 것인가? 꼭 그런 것 같지도 않다. 다른 나라의 대도시를 방문할 때마다 선명하게 지각되는 차이 중 하나는 서울과 달리 공적 공간에서 아이들과 유모차가 정말 많이 '보인다'는 것이다. 오랫동안 다른 사회에서 살다가 한국에 들어온 지인들이 한결같이 "한국에는 길거리에 휠체어와 유모차가 왜 이렇게 없는가?" 의아해했던 것도 기억한다.

몇 년 전부터 활발하게 논의되고 있는 '노키즈존'에 대해서도 이런 관점에서 생각해볼 수 있을 것 같다. 한국 사회는 어른이건 아이건 노인이건 아직도 서로 '공존'할 준비를 충분히 하지 못한 사회라는 생각이 든다.(노파심에 덧붙이자면, 나는 원론적으로, 업장이 자신들의 상황을 정확히 파악하고 뚜렷한 원칙을 가지고 움직이는 편을 선호한다.)

이런 의미에서 나는 2016년 말~2017년 초까지 아기들, 어린 아이들과 함께 광장에 나갈 수 있었던 것을 몹시 행복하게 여기는 쪽이다. 광장에서 더 '많은' 더 '큰' 더 '대단한' 무엇을 할 수 있었는데 하지 못했다고 아쉬워하는 분들이 있다면 나는 이것만으로도 너무나 좋았다는 말을 전하고 싶다. 아이에게나, 어른에게나 이런 공존의 경험이 더 많이 필요하다. 서설이 길어지고 있어서 초조하지만 딱 한 문장만 보태자면, 나는 아기/아이들이 한번쯤 어른들의 술자리에 끼어보는 것이 테마파크나 키즈카페에 가는 것보다 교육적일 수 있다고 생각하는 편이다. 공개된, 공식적인, 공적인, 공공의 장소에서 아기들과 아이들을 비롯한 더 다양한 사람들이 눈에 잘 보이기를 바란다.

내가 아이를 키워보지 않았더라면 아직도 나는 아이를 낯선 종으로 여기며 살았을 것이다. 그리고 딸 하나를 키우는 입장에서 부언하자면, 여전히 남자아이들이 낯선 종처럼 여겨질 때가 있다. 아들을 낳아서 키워봤더라면 낯선 종 하나를 더 잘 이해하게 되지 않았을까 싶어서 아쉽기도 하다.

내가 정말로 하고 싶은 이야기는, 실제 아이들과의 접촉이 많지 않은 어른들에게도 '아이들'의 존재가 강렬하게 다가오는 순간들이 있다는 것이다. 그리고 이런 순간은 정지 화면으로 자세히 뜯어볼 만한 충분한 가치가 있다는 것이다. 거칠게 이야기하면 어른들의 마음속 어딘가에 자라지 않은 채로 있는 아이가 한 명 정도 있을 수 있다는 이야기다. 아니면 어떤 책에서, 드라마에서 본 아이의 모습과 아주 높은 강도와 밀도로 만나는 순간들이 있을 수도 있다.

이 주제를 떠올린 순간 가장 먼저 기억난 장면은 영화 〈A.I.〉와 〈아무도 모른다〉였다. 그리고 오래전 종영한 드라마 〈시그널〉에서 아빠가 오기만을 기다리며 집 앞 계단에 앉아 있는 어린 박해영(김현빈)을 몇 시간 동안 계속 지켜보고 있는 이재한(조진웅)의 모습이었다.(이렇게 오래된 드라마를 예로 들 수밖에 없는 것은, 드라마 본방 사수는커녕 종영 후 시간이 흘러 드라마 다시보기가 무료로 풀린 다음에야 몇 개의 에피소드를 겨우 볼 수 있는 것이 워킹맘의 흔한 처지이기 때문이다.)

어쨌든 모든 어른들에게는 지켜주고 싶고, 지켜주지 못해서 미안한, 응원하고 싶은 아이의 이미지가 있다는 것이다. 그리고 그 순간을 기억하는 것은 양육자들뿐 아니라 비양육자들에게도 의미가 있다고 생각한다.

어떤 방의 문을 열면 한 아이가 있다.

 6~7년쯤 전에 나에게 이런 이야기를 해준 것은 내가 좋아하고 존경하는 선배였다. 그 선배는 "아직도 그 방의 문을 열면 거기서 일곱 살짜리 아이가 울고 있을 것 같다"라고 했다. 그 아이는 바로 선배의 아이고, 그 아이를 울린 것은 바로 아이를 혼낸 엄마인 그 선배다.

 그리고 얼마 전에서야 나는 가까이에 그런 아이가 있다는 사실을 깨달았다.(몸이 자라는 동안 같이 자라지 못하고 아이인 채로 마음속에 고집스럽게 남아 있던 나 자신 말이다.) 그 아이는 숨바꼭질을 좋아하는 아이여서, 장롱 속에도 숨고 침대 밑에도 숨고, 부엌에도 숨고, 대문 위에도 숨고, 여기저기 늘 숨어 있었는데, 나는 그 아이가 어디에 숨어 있건 별로 관심이 없었고, 한 번도 제대로 찾아본 적이 없었다. 그래서 아이는 발견되지 않은 채 계속 그렇게 혼자 숨어 있었던 것 같다.

 수십 년이 지나 나의 오래된 사진첩에서 다시 만난 그 아이는 파란색 반바지에 빨간색 티셔츠를 입고 바가지 머리를 하고 햇빛 때문에 잔뜩 눈을 찌푸리고 있었다. 소꿉놀이나 뛰어노는 것을 좋아하고 사람들을 관찰하기를 좋아하고 사물에 대해 생각하기를 좋아하고 감정을 미세하게 표현하지 못하는 아이다. 사랑받아 마땅하지만 별로 그런 권리를 주장해보지 않는 아이이기도 하다. 아마도 사랑을 구걸하기보다는 필요한 사람이 되기 위해 노력해야 한다는 것을 꽤 일찍 깨달은 아이인 것 같다.

그런데 어느 날 딸이 사진 속 그 아이를 발견하고 말을 걸었다. 그 아이에게 단짝 친구가 되고 싶다고 하고, 너도 사랑받아 마땅한 아이라고 말해주었다. 아이를 기르면서 예기치 못한 여러 가지 감정들과 생각들에 훅 하고 한 방을 먹는 경험이 종종 있는데, 바로 이런 순간이다. 어딘가에 숨어 있는 외로운 아이를 찾아내서 딸이 말을 건다. '너는 사랑받아 마땅한 아이야.'(정확히 이런 표현이었다기보다는, '너는 예쁜 아이야.' 정도였지만 나에게는 이렇게 들렸다.) 이것은 어떤 어른이나 이야기해주는 것보다도 명료하고 힘이 있다.

이 책이 아이를 양육하지 않는 어른들에게 그런 이야기를 건네주기를 바란다. 양육에 대해 이야기하는 것이 양육을 하지 않는 사람들을 배제하는 우리끼리의 이야기가 되기보다는 다른 사람들에게도 퍼져나가기를 바란다. 나는 이 책을 쓰면서 (내가 거의 모든 사안에 대해 늘 그렇듯이) 완전한 양육자의 입장이 아니라 양육자의 입장과 비양육자의 입장의 경계에서 말하는 듯한 불편한 느낌을 떨쳐버릴 수 없었다. 일종의 번역자 같은 입장이랄까. 양육자라고 하기에는 양육을 지나치게 못하는 사람이지만, 비양육자라고 하기에는 양육에 지나치게 매료된 사람. 이런 박쥐 같은 입장이 늘 도움이 되는 것은 아니지만 나름의 역할을 할 수도 있다는 생각을 언젠가부터 하게 되었다.

아마 인류는 앞으로 수천 년의 경험을 전수받은 숙련된 돌봄의 손길을 점차 상실하게 될 것이다. 하지만 그만큼 더 많은 수의 사람들이 돌봄과 양육의 경험에 노출될 것이다. 나는 그런 시대의 변화 과정을 고스란히 보여주는 존재일지도 모른다. 돌봄을 회피하거나 돌봄에 헌신하거나 돌봄을 폄하하거나 돌봄을 선망하거나 돌봄에 능숙하거나 돌봄에 압도당하거나, 혹은 그 중간 어디 즈음에서 방황하는 이들에게 조금이라도 자극이 되기를 바란다.

감사의 말

노산 워킹맘으로 아이를 낳고 키우며 매일 하루가 흘러가는 것
을 진심으로 감사할 수 있게 되었습니다. 뒤집으면 매일 그만큼
근심이 많았다는 반증이기도 합니다. 아이를 낳은 것부터 이 감
사의 말을 쓰기까지 수많은 계획들을 세웠지만, 아이를 키우는
일도 책을 내는 일도 내 뜻대로 진행된 적이 없습니다. 늘 지연되
거나 방향이 바뀌거나 내용이 바뀌어 혼란과 충격에 빠졌다가,
다시 정신을 차리는 과정의 반복이었습니다. 지금은 그 모든 일
들이 내 뜻대로 되지 않아서 정말 다행이라고 생각합니다. 더 큰
계획을 따라 저마다 알아서 잘 흘러가고 있다는 것이 놀랍고 감
사합니다.

감사의 말을 시작하려니 가장 먼저 함께 일하는 동료들이 떠오릅니다. 일과 양육을 동시에 감당하는 것이 불가능해보였던 많은 순간들을 이들의 인내와 공감과 협조 덕분에 넘길 수 있었습니다. 이추월 아주머니, 엄귀숙 할머니, 김하원 놀이 선생님, 김은정 하원도우미 선생님, 그리고 해오름어린이집과 동우유치원의 여러 선생님들은 제 모자란 품을 대신해 아이를 안아주신 분들입니다. 품앗이 육아 등으로 함께 육아의 즐거움과 괴로움을 나누어주고 예민한 노산 외동딸 엄마의 무지를 개선해준 서초3동의 여러 어머님들에게도 감사의 마음을 전합니다.

우리의 경험을 더 정확하게 표현할 수 있는 언어가 무얼까 함께 책을 읽으며 고민해준 '돌봄+인문학 공부모임'의 회원들에게도 감사의 말을 전합니다. 운영자의 게으름과 에너지 부족으로 간헐적으로 이어져오긴 했지만, 5년 동안 가늘고 길게, 정보 교류부터 인격 수양에 이르기까지 다양한 모험을 함께해온 동지들입니다. 더불어 이 모임을 지속할 수 있도록 강제해준 여러 기관들에게도 감사의 말씀을 전합니다. 초기 3년간 모임을 지원해준 서울시 직장맘지원센터, 그리고 자치구의 부모커뮤니티 지원사업, 반포복지관 등이 떠오릅니다.

아무도 내가 아이를 낳아서 잘 키울 거라고 상상하지 않았던 시절에 뜬금없이 나더러 좋은 엄마가 될 거라고 얘기해준 정서경, 그 밖에 아이를 키우는 일과 엄마가 되는 일에 대해 수많은 이야기를 함께 나누어준 친구들에게 감사합니다. 또 양육의 과정을 통해 나에 대해 돌아보는 작업을 가장 가까이서 지켜봐주고 도와준 김지연 선생님에게도 감사의 말을 전합니다.

육아일기에 머무를 글이 한 권의 책으로 발전하기까지 역시 많은 분들의 개입이 있었습니다. 『베스트 베이비』의 한보미 편집장님은 과감하게도 '육알못 노산 워킹맘'에게 칼럼 지면을 만들어주었습니다. 또 『채널예스』의 엄지혜 기자님 역시 늘 마감을 어기는 불량한 필자를 다독여가며 정성스러운 모니터링으로 동기 부여를 해주었습니다. 또 위즈덤하우스의 최연진 편집자님은 이 책을 계약한 후 우연히도 임신, 출산, 육아를 하는 등 '몸소 체험 편집'의 새로운 장을 열었습니다. 이제 육아 동지, 워킹맘 동지가 된 최연진 편집자님은 마치 자기의 기록을 만지듯이 단행본 작업을 해주었습니다.(유하와 유하 아빠에게도 감사의 말을 전합니다.) 『베스트 베이비』와 『채널예스』에 연재했던 글을 토대로 한 것 외에, 13장은 『기획회의』456호(2018년 1월)에 실었던 글을 보완한 것입니다. 육아일기를 제외하더라도 대체로 2016년경부터 2017년 말까지 초안을 잡았던 글들이기 때문에 지금 상황이나 생각과는 조금 다른 이야기들이 남아 있지만 굳이 수정하지 않고 당시의 맥락을 최대한 살려두었습니다.

마지막으로 가부장제라는 구조와 제도로 인한 나의 투사를 온몸으로 받아내준 남편, 늘 최선을 다해 잘하는데도 늘 못할 수밖에 없는 그 어려운 길을 포기하지 않고 걸어가 주는 남편에게도 신뢰와 사랑을 전합니다. 그리고 세상에 태어나 바르고 건강하게 자라느라 분투하고 있는 나의 딸에게도 응원의 말을 전합니다. 이 모든 경험과 생각과 감정을 허락하신 이에게 감사합니다. 이 책이 그 뜻대로 읽히기를 바랍니다.

참고 도서 _ 함께 읽으면 좋은 책들

1 『부모와 다른 아이들 1, 2』, 앤드루 솔로몬 지음, 고기탁 옮김, 열린책들, 2015

2 『우리 집 꼬마 대장님』, 말라 프레이지 지음, 조은수 옮김, 웅진주니어, 2016

3 『양육가설』, 주디스 리치 해리스 지음, 최수근 옮김, 황상민 감수, 이김, 2017

4 『던바의 수』, 로빈 던바 지음, 김정희 옮김, 최재천 해제, 아르테, 2018

5 『잃어버린 시간을 찾아서』, 마르셀 프루스트 지음, 김희영 옮김, 민음사

6 『새벽의 인문학』, 다이앤 애커먼 지음, 홍한별 옮김, 반비, 2015

7 『신화로 읽는 여성성 She』, 로버트 A. 존슨 지음, 고혜경 옮김, 동연출판사, 2006

8 『수면 혁명』, 아리아나 허핑턴 지음, 정준희 옮김, 민음사, 2016

9 『울지 않는 늑대』, 팔리 모왓 지음, 이한중 옮김, 돌베개, 2003

10 『밤의 문화사』, 로저 에커치 지음, 조한욱 옮김, 돌베개, 2008(구판)

11 『24/7 잠의 종말』, 조너선 크레리 지음, 김성호 옮김, 문학동네, 2014

12 『잠』, 베르나르 베르베르 지음, 전미연 옮김, 열린책들, 2017

13 『늑대와 함께 달리는 여인들』, 클라리사 P. 에스테스 지음, 손영미 옮김, 이루, 2013

14 『나와 너』, 마르틴 부버 지음, 표재명 옮김, 문예출판사, 2001

15 『아티스트 웨이』, 줄리아 캐머런 지음, 임지호 옮김, 경당, 2017(개정판)

16 『청구회 추억』, 신영복 지음, 돌베개, 2008

17 『사생활의 역사 1』, 피터 브라운 · 에블린 파틀라장 · 미셀 루슈 · 이봉 테베르 지음, 조르주
    뒤비 · 폴 벤느 · 필리프 아리에스 엮음, 주명철 · 전수연 옮김, 새물결, 2002

18 『마인드 체인지』, 수전 그린필드 지음, 이한음 옮김, 북라이프, 2015

19 『우리 속에 있는 여신들』, 진 시노다 볼린 지음, 조주현 · 조명덕 옮김, 또하나의문화, 2003

20 『엄마의 말뚝』, 박완서 지음, 세계사, 2012

21 『나는 가해자의 엄마입니다』, 수 클리볼드 지음, 홍한별 옮김, 반비, 2016

22 『대한민국 부모』, 이승욱 · 신희경 · 김은산 지음, 문학동네, 2012

23 『멀고도 가까운』, 리베카 솔닛 지음, 김현우 옮김, 반비, 2016

24 『길 잃기 안내서』, 리베카 솔닛 지음, 김명남 옮김, 반비, 2018

25 『말의 미학』, 미하일 바흐친 지음, 김희숙 · 박종소 옮김, 길, 2006

26 『엄마는 아직도 여전히』, 호원숙 지음, 달, 2015

27 『나의 조선미술 순례』, 서경식 지음, 최재혁 옮김, 반비, 2014

28 『이야기의 기원』, 브라이언 보이드 지음, 남경태 옮김, 휴머니스트, 2013

29 『스토리텔링 애니멀』, 조녀선 갓셜 지음, 노승영 옮김, 민음사, 2014

30 『고양이 대학살』, 로버트 단턴 지음, 조한욱 옮김, 문학과지성사, 1996

31 『사랑의 단상』, 롤랑 바르트 지음, 김희영 옮김, 동문선, 2004

부록 일러두기 _____ 이 부록은 엄마들을 위한 것입니다. 이 책은 엄마가 아닌 아빠도, 아이를 낳거나 키우지 않은 분들도, 아이를 앞으로 낳거나 키울 분들도 읽어주시면 좋겠다는 마음으로 썼지만, 부록만큼은 지금 이 순간 어린 아이들을 키우는 엄마들을 떠올리며 만들었습니다. 어린 아이를 키우며 유난히 마음이 힘들거나 유난히 마음이 기쁜 엄마들이 질문에 대한 스스로의 답을 기록해가며, 또 다른 '돌봄'의 언어들을 만들어주기를 바랍니다.

/
아이를 돌볼 때 떠오르는
가장 중요한 질문들
/

01 _____

출산, 첫 맞남의 기억

그날의 일을 기억나는 대로 써보자. 분만실의 풍경이든, 분만의 과정이든, 당시의 소리든 냄새든, 아이의 표정이든 울음소리든, 나의 기분이든 무엇이든 상세하게 써보자.

예) 프라이버시 문제로 자세한 내용은 생략하고 구체적인 장면 하나만 써보겠다. 분만실에서 분만을 돕던 분들이 아이가 나오자 모두 아이에게로 달려가 아이를 둘러싸고 오랫동안 처치를 하면서 감탄에 젖어 있는 사이 주치의 선생님이 아이만 들여다보지 말고 산모 처치하는 것 도우라고 날카롭게 소리를 치셨다. 내 배 위에 올려진 아이가 고개를 들어보려 애쓰며 한쪽 눈만 빼꼼히 뜨고 나를 쳐다봐서 내가 어색하게 "안녕" 하고 인사했다.

02

돌봄에서 자신 있는 것

아이들을 돌보는 여러 활동들 중에서 내가 가장 잘하는 것은 무엇인가? 왜 잘하나? 그것이 아이에게, 혹은 아이와 나의 관계에 어떤 영향을 주었나?

예) 내가 가장 잘하는 것은 같이 그림 그리거나 책 읽으며 놀기, 이야기를 나누면서 아이의 생각과 기분을 이해하기. 이에 대해서는 책 곳곳에 써놓았다.

03

돌봄에서 자신 없는 것

아이들을 키우면서 가장 어렵다고 느끼는 부분은 어떤 것인가? 최근의 사례를 들어서 기록해보자. 이를 보완하기 위해 무엇이 필요할까? 어떤 도움을 받아왔거나 받고 싶은가?

04_____

나를 돌보아준 사람

어려서 나를 주로 키워준 사람은 누구였나? 엄마? 아빠? 할머니? 아주머니? 삼촌? 이모? 고모? 언니? 기억나거나 들은 대로 써보자. 혹시 내가 없을 때 내 아이를 돌봐주는 사람은 누구인가? 보조 양육자의 도움을 받고 있다면 그 사람에 대해서 기록해보자.

예) 진술이 엇갈려서 정확한 시기를 알 수 없지만 나를 돌 이후부터 대여섯 살 무렵까지 키워주신 분은 외할머니 댁에서 살림을 도와주시던 할머니다. 어린 시절 나에게 만능 해결사나 다름없던 분. 이 할머니가 옆에 있으면 어떤 징그러운 벌레도, 어떤 해괴하게 생긴 귀신도 하나도 무섭지가 않았다. 생각해보니 나도 잠을 잘 못 자는 아이여서 할머니 머리카락을 한 움큼씩 잡고 머리카락을 비벼가며 그 맨들맨들한 느낌에 의지해 겨우 잠이 들곤 했었다.

05
아이에게 불러주는 노래

내가 아이에게 자주 불러주는, 특별히 좋아하는 자장가나 동요는 무엇인가? 왜 좋은가? 특히 어떤 대목이나 어떤 점이 좋은가?

예) 본문 5장 참조. 〈나뭇잎 배〉도 좋아한다. "엄마 곁에 누워도 생각이 나는 나뭇잎 배" 같은 무언가가 나에게도 있었기 때문에. 우리 아이가 그런 것들로 인해서 건강하게 분리되고 독립하리라는 것을 알기 때문에. 그것이 응원하고 싶은 아름다운 성장의 과정이기 때문에.

06
아이의 장난감

아이에게 꼭 마련해주고 싶었던 장난감은 무엇인가? 아이의 장난감 중에서 내가 가장 좋아하는 것은 무엇인가? 아이가 가장 좋아하는 장난감은 무엇인가? 아이가 그것을 어떻게 가지고 노나? 아이는 그것을 왜 좋아할까?

07_____

아이의 첫 친구

내 아이의 친구들 중에서 특별히 기억에 남는 아이는 누구인가? 내 아이가 가
장 먼저 사귄 친구는 어떤 아이인가? 내 가장 오래된 친구들 중에 기억나는 친
구는 누구인가? 최초의 단짝 친구가 기억나는지? 어떤 친구였고 함께 무엇을
하고 놀았는지?

예) 사회성과 친구에 대해서는 이 책 11장에 기록해두었다.

08_____

아이의 기질

아이가 새로운 사람들을 만나는 것을 좋아하나, 혼자 조용히 있는 것을 좋아하나? 유연한가 아니면 미리 정해진 규칙을 좋아하나? 아이는 나를 닮았나? 누구를 닮았나? 아이의 기질 중 이해가 잘 가거나 잘 가지 않는 기질은 무엇인가? 나와 같은 기질 때문에 좋거나 나쁜 점은 무엇인가? 나와 다른 기질 때문에 좋거나 나쁜 점은 무엇인가?

09

나의 이야기, 아이의 이야기, 나와 아이의 이야기

세상의 모든 이야기들(동화나 민담이나 전설 등) 중에서 가장 '내 이야기'라고 할 만한 이야기는 무엇인가? 왜 그런가? 그 이야기를 다시 읽어보고 어떤 부분이 이상한지, 어떤 부분이 만족스러운지, 어떤 부분이 기쁘거나 슬픈지 생각해보자. 아이와 같이 읽고 이야기를 나눠보는 것도 좋겠다. 비슷하게 아이가 특별히 좋아하는 이야기가 있는지 살펴보자. 나와 아이의 이야기라고 할 만한 이야기는 무엇일까?

예) 수십 년 동안 변함없는 나의 이야기는 〈엄마 찾아 삼만 리〉. 비슷한 원형이 반복되는 이야기로 영화 〈A.I.〉와 만화 〈둘리〉. "빙하 타고 내려와 친구를 만났지만, 일억 년 전 옛날이 너무나 그리워. 보고픈 엄마 찾아 모두 함께 떠나자~ 아아~"라는 주제곡 가사가 알려주듯이 둘리 이야기의 근본에는 "헤어진 엄마를 찾아 떠나는 여행"이라는 주제가 숨겨져 있다. 아이를 낳고난 뒤에 나의 이야기가 된 것은 「구약 성경」의 '에서와 야곱' 이야기. 에서 입장에서 30년가량 마음에 들지 않았던 이야기인데, 아이를 낳은 뒤에야 내가 야곱이라는 사실을 알게 되었다.

10_____
내가 어릴 적 살던 집

내가 유년기에 살았던 공간 중에서 가장 기억에 남는 집은 무엇인가? 그 집에서 또 가장 기억에 남는 공간은 어디인가? 기록하거나 그려보자.

예) 19장 본문 참조. 역시 서너 살 즈음의 외가가 가장 기억에 남는다. 이상하고 복잡한 구조. 문이 많고 창문도 많고 높낮이도 다양한 구조. 두 방에 걸친 다락의 기억. 다락에 있던 먼지 쌓인 물건들. 양쪽으로 문이 뚫린 가운뎃방. 부엌 뒤로 난 2층으로 가는 계단 등등.

11_____

기억에 남아 있는 아이의 얼굴

살면서 만난 수많은 아이들 중에서 가장 기억에 남는 아이는 누구인가? 현실
이 아니라 이야기 속에서 만난 아이도 좋다. 내 아이여도 좋다. 내 아이가 언
제 보여준 얼굴인가? 왜 기억에 남아 있나? 지금 다시 그 아이를 만난다면 뭐
라고 말해주고 싶은가?

예) 에필로그 참조.

12
다짐
_____

아이를 키우면서 이것만은 꼭 지키고 싶다고 생각하는 양육의 방침은 무엇인가? 아이에게 무엇을 해주고 싶고 무엇을 가르쳐주고 싶은가? 혹은 무엇을 안 해주고 무엇을 안 물려주고 싶은가?

예) 내 다짐은 16장에 대략 기록해놓았다. 기도하고 응원하되 대신 살지 않기. 아이를 응원하는 만큼 내 삶을 열심히 살기. 그래서 아이가 훨훨 날아가는 날 기쁘게 축하해줄 수 있기.

이 책에 실린 인용문은 저작권 사용 허가를 받았습니다.

출간 당시 저작권자를 확인하지 못하여 부득이하게 허가를 받지 못한 인용문에 대해서는

추후 저작권이 확인되는 대로 적법한 절차를 진행하겠습니다.

돌봄 인문학 수업

초판 1쇄 인쇄 2019년 8월 22일 **초판 1쇄 발행** 2019년 8월 30일

지은이 김희진
펴낸이 연준혁

출판 1본부 이사 배민수
출판 1분사 분사장 한수미
책임편집 최연진
디자인 함지현

펴낸곳 (주)위즈덤하우스 미디어그룹 **출판등록** 2000년 5월 23일 제13-1071호
주소 경기도 고양시 일산동구 정발산로 43-20 센트럴프라자 6층
전화 031-936-4000 **팩스** 031-903-3893 **홈페이지** www.wisdomhouse.co.kr

ⓒ김희진, 2019

값 14,500원
ISBN 979-11-90305-16-7 03330

*인쇄·제작 및 유통상의 파본 도서는 구입하신 서점에서 바꿔드립니다.
*이 책의 전부 또는 일부 내용을 재사용하려면 반드시 사전에 저작권자와
 (주)위즈덤하우스 미디어그룹의 동의를 받아야 합니다.

* 이 도서의 국립중앙도서관 출판예정도서목록(CIP)은 서지정보유통지원시스템 홈페이지
 (http://seoji.nl.go.kr)와 국가자료종합목록시스템(http://www.nl.go.kr/kolisnet)에서
 이용하실 수 있습니다. (CIP제어번호 : CIP2019032329)